Taschenbücherei
im Verlag Hermann Bauer

Mit dieser Reihe macht der Verlag Hermann Bauer dem interessierten Leser bedeutende Werke der Esoterik und Grenzwissenschaften zu günstigen Preisen zugänglich: »Klassiker«, wichtige grundlegende Bücher über Einzelbereiche, aber auch Erstauflagen zu aktuellen und anderen Themen, die vor allem einem dienen: der Vermittlung von Wissen und Wegen zur Erweiterung des Bewußtseins, zur geistigen Fortentwicklung und besseren Lebensbewältigung.

Bisher sind erschienen:

Bernbaum: Der Weg nach Shambhala
Brahmachari: Yoga hilft heilen
Brunton: Entdecke dich selbst
Brunton: Karma – Kette von Ursache und Wirkung
Butler: Das ist Magie
Chögyam: Der fünffarbige Regenbogen
Dalichow (Hrsg.): Zurück zur weiblichen Weisheit
Desjardins: In Liebe gemeinsam wachsen
Dommer (Hrsg.): Wie die alten Götter weiterleben
Doore (Hrsg.): Opfer und Ekstase
Easwaran: Mantram – Hilfe durch die Kraft des Wortes
Findley: Beweise für ein Leben nach dem Tod
Fortune: Die mystische Kabbala
Gauquelin: Planetare Einflüsse auf Persönlichkeit und Lebensweg
Geisler (Hrsg.): New Age – Zeugnisse der Zeitenwende
Haraldson: Sai Baba – ein modernes Wunder
Ingrisch: Die Kapelle der Gefahren
Ingrisch: Nächtebuch
Johanson: Zuerst heile den Geist
Kardec: Das Buch der Geister
Kardec: Das Buch der Medien

Kieffer (Hrsg.): Gopi Krisha – Kundalini im New Age
Leuenberger: Das ist Esoterik
Lütge: Carlos Castaneda und die Lehren des Don Juan
Mertz: Die Esoterik in der Astrologie
Mori: Die Buddha-Natur im Roboter
Osis/Haraldsson: Der Tod – ein neuer Anfang
Peick: Wiedergeburt – Eine Reise in frühere Erdenleben
Prantl: Licht aus der Herzmitte
Radha: Aufs Herz vertrauen
Ramm-Bonwitt: Yoga-Nidra – Der Schlaf der Yogis
Reifler: Das I-Ging-Orakel
Schorsch: Die große Vernetzung – Wege zu einer ökologischen Philosophie
Sharon: Magier der vier Winde
Sterneder: Tierkreisgeheimnis und Menschenleben
Sterneder: Der Wunderapostel
Swann: Der sechste Sinn
Taniguchi: Die geistige Heilkraft in uns
Thakkur: Ayurveda – die indische Heil- und Lebenskunst
Vivekananda: Jnana-Yoga
Vivekananda: Karma-Yoga und Bhakti-Yoga
Vivekananda: Raja-Yoga
Weinfurter: Der Königsweg

Huai-Chin Nan

Das Tao
des langen Lebens

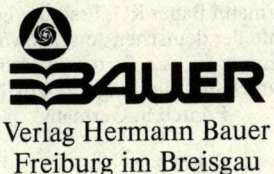

Verlag Hermann Bauer
Freiburg im Breisgau

Die Deutsche Bibliothek – CIP-Einheitsaufnahme

Nan, Huaijin:
Das Tao des langen Lebens / Huai-Chin Nan. –
1. – 5. Tsd. – Freiburg im Breisgau: Bauer, 1991
    (esotera Taschenbücherei)
    ISBN 3-7626-0658-7

Die amerikanische Originalausgabe erschien 1984 bei
Samuel Weiser, Inc., York Beach, unter dem Titel
Tao & Longevity.
Mind-Body Transformation
© 1984 by Huai-Chin Nan

Deutsch von Katharine Cofer, Heidelberg

Titelfoto: laenderpress, Düsseldorf

Die *esotera-Taschenbücherei* erscheint im
Verlag Hermann Bauer KG, Freiburg im Breisgau.

1991
© für die deutsche Ausgabe 1991 by
Verlag Hermann Bauer KG, Freiburg im Breisgau
Alle Rechte der deutschen Ausgabe vorbehalten
Satz: Teamsatz Sachs & Partner, Neudrossenfeld
Druck und Bindung: Ebner Ulm
Printed in Germany

ISBN 3-7626-0658-7

Inhalt

Vorwort

Seit meiner Kindheit war ich immer fasziniert von den Berichten über Unsterbliche, die in vielen taoistischen Büchern und Erzählungen zu finden waren. Ich wollte erfahren, wie ein menschliches Wesen unsterblich werden und so zur Göttlichkeit gelangen könne. Ich las Hunderte von Büchern über den Taoismus, blieb jedoch nach dem Lesen stets mit einem komplizierten Gefühl von Faszination, Verwirrung und Frustration zurück. Sie erschienen mir so schwer verständlich, daß sicher nur sehr wenige Menschen sie je wirklich begreifen könnten. Als Erklärung wurde gewöhnlich das Argument vorgebracht, das göttliche Geheimnis dürfe nicht jedem preisgegeben werden. Ich konnte nicht erkennen, welche Bücher gut und welche schlecht waren, und ich wußte nicht, wer unter diesen vielen Autoren nun ein echter Unsterblicher und wer ein falscher, ein Betrüger war. So suchte ich weiter nach dem Tao, indem ich der taoistischen Tradition entsprechend nach einem echten Lehrer suchte, und zum Glück traf ich im Jahr 1961 auf *meinen* Lehrer. Er ist der Autor dieses Buches.

In China meditiert man meist, um spirituelles Wachstum zu erlangen und darüber hinaus auch *zur Förderung der Gesundheit*. Ich lebe seit vielen Jahren in den Vereinigten Staaten. Zu meiner Überraschung unterscheiden sich die Vorstellungen und Methoden westlicher Meditationspraxis stark von denen der Chinesen. Mir scheint es, als würden die meisten Amerikaner ausschließlich um des spirituellen Wachstums willen meditieren; sie scheinen nach der Erweiterung ihres Bewußtseins oder der Entwicklung von Psi-Kraft zu streben. Bisher hat in den USA kaum jemand darauf hingewiesen, daß Meditation die Gesundheit verbessern und Krankheit heilen kann. Obgleich spirituelles Heilen in den USA außerordentlich großes Interesse erweckt, unterscheiden sich westliche Methoden sehr stark von denen, die man in China vorfindet.

Taoistischen Theorien und Meditationstechniken zufolge beeinflussen und prägen sich Geist und Körper gegenseitig. Das Kultivieren des Geistes zum Zweck eines spirituellen Wachstums sollte mit einer *Erhöhung des Körpers* einhergehen. Da aber keines dieser Bücher uns mitteilt, wie dies zu bewerkstelligen ist, wurde dieses Buch geschrieben – das erste seiner Art, sei es auf Chinesisch oder auf Englisch. Unter Umgehung der traditionellen chinesischen Praxis der persönlichen Einweisung bietet es eine ausführliche Schilderung der physiologischen Reaktionen und Phänomene, die durch die Meditation erzeugt werden. Professor Nan analysiert die vagen Begriffe der taoistischen Lehrbücher, die für den durchschnittlichen Schüler unverständlich blieben, weil die Altehrwürdigen nicht bereit waren, ihre Symbolsprache zu verdeutlichen und klare Anweisungen zu geben.

Meiner Ansicht nach wird jeder, der sich ernsthaft für die Meditation interessiert, aus diesem Buch großen Nutzen ziehen. Professor Nan richtet seine Aufmerksamkeit nicht ausschließlich auf die geistige und spirituelle Entwicklung, sondern klärt auch das Verhältnis zwischen spiritueller Entwicklung und physischen Veränderungen im Körper. Er erörtert auch viele Grundsätze des Zen, des esoterischen Buddhismus und des Taoismus und zeigt dabei die Phänomene auf, die für alle ernsthaften Schüler der Meditation von praktischem Interesse sind.

Los Angeles/Kalifornien,
im September 1983

Wen Kuan Chu
Übersetzer des Buches
aus dem Chinesischen
ins Amerikanische

Eine Bemerkung zur Übersetzung

Im Verlauf des gesamten Textes wurde das Wort *Zen* verwendet, da die meisten westlichen Leser mit diesem Begriff vertraut sind. Es wird darauf hingewiesen, daß *Zen* eigentlich ein japanisches Wort ist und daß die korrekte chinesische Übersetzung dafür *Ch'an* lautet. Die Leser dieses Buches sollten wissen, daß beide Begriffe austauschbar sind.

Einleitung

Einer der stärksten aller Wünsche des Menschen ist der Wunsch nach Unsterblichkeit. Andererseits bestand von jeher auch großes Interesse bezüglich des Ursprungs des Universums, der Wurzeln des Lebens, der spirituellen Transzendenz und des kosmischen Bewußtseins. Eine Reihe wichtiger religiöser Vorstellungen beruhen auf diesen beiden großen Komplexen. Zum Beispiel stellen der Himmel, das Reine Land Buddhas, Schangri-La und das Land der Großen Unsterblichen alle die Möglichkeit der spirituellen Betätigung jenseits des Reiches irdischen Begehrens in Aussicht.

Unsere Neugier in bezug auf das Wesen der Existenz, unsere Neigung, nach den Wurzeln, dem Ursprung des Lebens zu forschen, sowie unser Wunsch, die Unsterblichkeit zu erlangen: All diese Vorstellungen bilden die Grundlagen verschiedener nichtreligiöser Schulen des Denkens. Die Yogatechniken der indischen Tradition sowie die Meditationstechniken nach dem Stil der altehrwürdigen Meister Chinas stellen unterschiedliche Methoden spiritueller Pflege dar, aber sie beruhen beide auf einem einzigen Fundus an Wissen. Zum Beispiel empfehlen beide Ansätze, daß ein Mensch im Verlauf des jetzigen Lebens mit der Kultivierung und Veredelung von Körper und Geist beginnen soll. Des weiteren sehen sie beide das Ausüben von Techniken vor, die es den Menschen unter Umständen möglich machen können, die Schranken der materiellen Welt zu überwinden, das ewige Leben zu erlangen und hinter die Geheimnisse des Lebens zu blicken. In mancher Hinsicht weisen diese Lehren große Ähnlichkeit mit religiösen Lehren auf, aber diese Schulen sind dennoch keine Religionen. So ist ein Mensch, der sich dazu entschließt, diese Techniken zu praktizieren, keineswegs verpflichtet, seinen religiösen Glauben aufzugeben, noch sich zu irgendwelchen neuen Glaubenssätzen zu bekennen, um mit seiner Praxis beginnen zu können.

Seit Urzeiten wurden zahlreiche Bücher über die Unsterblichkeit geschrieben und sorgfältig studiert. Doch wer ist ein echter Unsterblicher? Da es kaum vernünftig erscheint, ein ungewöhnlich langes Leben zu erwarten, ist es keineswegs irrational anzunehmen, daß die Theorie der Unsterblichkeit auf einer Lüge beruhe. Ein solcher Verdacht ist nichts Neues: Solche Zweifel bestanden in früheren Zeiten offensichtlich ebenso wie heute. Zum Beispiel arbeitete Chi Kang, einer der Sieben Weisen vom Bambushain, eine Theorie der Lebensführung aus, mit der er versuchte, einen rationalen Beweis für die Unsterblichkeit zu erbringen. Da Chi Kang während der Chin-Dynastie lebte und schrieb, war seine Theorie offensichtlich ein Versuch, den Menschen der damaligen Zeit die Wahrheit der Theorie der Unsterblichkeit zu beweisen.

Chi Kang argumentierte, daß es dienlich sei, zwecks Erreichung der Unsterblichkeit eine geregelte Lebensweise einzuhalten, da der Weg der Unsterblichkeit die Überwindung der Weltlichkeit und die Erlangung der Göttlichkeit ermögliche. Obgleich wir die Behauptung Chi Kangs, derzufolge der Weg der Unsterblichkeit zur spirituellen Transzendenz führe, weder bestätigen noch widerlegen können, können wir zumindest nicht verneinen, daß das Befolgen dieses Weges äußerst hilfreich ist. Da das Einhalten einer solchen Lebensweise sehr nützlich ist für solche Menschen, die sich auf dem Gebiet der chinesischen Heilkünste betätigen, wie auch für solche, die auf den modernen Gebieten der Psychotherapie, der Krankengymnastik und der ganzheitlichen Gesundheitspraxis aktiv sind, ist sie auf jeden Fall förderungswürdig.

Eine Theorie, die über Jahrtausende von einer Generation zur nächsten überliefert wurde, kann nicht umhin, eine gewisse Gültigkeit zu besitzen. Auch wenn die Theorie der Unsterblichkeit nicht leicht zu verstehen ist, sind wir deswegen noch nicht berechtigt zu glauben, sie sei bloßer Unsinn. Statt dessen sollten wir versuchen, herauszufinden, weshalb diese Theorie unverständlich erscheint. Es gibt eine Reihe von Faktoren, die unsere anfängliche Schwierigkeit noch verstärken. Erstens gibt es riesige Unterschiede zwischen den Methoden des Lehrens, die damals von den Altehrwürdigen

– obgleich diese keineswegs töricht waren! – angewandt wurden, und denen, die wir heutzutage gewöhnt sind. Zweitens gibt es kaum mehr als eine Handvoll Menschen, die sich tiefergehend mit der Frage der Unsterblichkeit auseinandergesetzt haben, da diese Art von Forschung eine außerordentliche Anstrengung sowie die Fähigkeit zur selbständigen Arbeit erfordert. Das Kultivieren der Unsterblichkeit ist nicht so einfach wie ein Plan zum schnellen Reichwerden. Solche, die sich einer regelmäßigen Praxis der Pflege von Körper und Geist hingeben, werden von der ungeheuren selbstheilenden Wirkung solcher Praxis profitieren, während solche, die nur in Notfällen praktizieren, keinen Nutzen daraus ziehen werden.

Laut der Theorie des *Wurzelknochens* sollten diejenigen, die die Geheimnisse erforschen und weltliche Schranken überwinden wollen, ein natürliches Talent zur Erlernung der Unsterblichkeit haben. Während der Ch'ing-Dynastie schrieb Chao I folgendes Gedicht:

Ich hatte Schwierigkeiten, Gedichte zu schreiben. Als ich noch jung war, dachte ich, es liege daran, daß ich noch nicht verfeinert sei und ich meine Fertigkeit noch nicht vervollkommnet habe. Ich war sehr alt, als ich schließlich erkannte, daß Gedichte nicht nur durch harte Arbeit entstehen. Drei Zehntel sind auf die Bemühung des Mannes zurückzuführen, aber der Rest ist Sache des Himmels.

Die Poesie ist nur ein kleines Tao innerhalb der Literatur, aber dieses Gedicht von Chao I verdeutlicht einige der Mühen, die man auf sich nehmen muß, um sie hervorzubringen. Es ist äußerst schwierig, das eigene Temperament innerhalb kurzer Zeit zu verändern und so zu allen Wonnen des Tao zu gelangen.

Ich möchte meinen Schülern für die vielen Fragen danken, die sie mir im Laufe der Jahre über die Meditation gestellt haben. Ich hoffe, daß dieses Buch helfen kann, einige Fragen zu beantworten und einige ungünstige Meditationstechniken zu korrigieren. Ich hoffe auch, Klarheit zu schaffen über einige der schwerverständlichen Punkte und undeutlichen Begriffe, die in den *Tan Sutras* über die Unsterblichkeit enthalten sind. Auch wenn die Altehrwürdigen nicht bereit waren, einen leicht verständlichen und vollständigen Bericht zu liefern, hoffe ich, daß dieser vorläufige Überblick über meine Forschung zu diesem Thema nicht nur für diejenigen eine Hilfe sein mag, die ihre Lebensweise verändern möchten, sondern auch, daß er einen ersten Schritt für weitere Forschung über das Wesen des Taoismus bilden wird.

In diesem Zusammenhang ist der Ausdruck *erster Schritt* eine vorsichtige Wahl der Worte und kein Ausdruck falscher Bescheidenheit. Dieses Buch enthält keine tiefgehende Analyse der taoistischen Theorie der Unsterblichkeit, aber es beschreibt einige der physiologischen und psychologischen Verwandlungen, die im Verlauf einer richtigen Meditationspraxis vorkommen können.

Taipei, im Jahre 1973   Huai-Chin Nan

Erster Teil

Das Wesen der Meditation

Langlebigkeit ist tatsächlich möglich

Viele der Menschen, die mich aufsuchen, fragen mich immer und immer wieder: *Ist Langlebigkeit tatsächlich möglich? Können wir zur Unsterblichkeit gelangen?* Auf solche Fragen antworte ich oft meinerseits mit einer Frage: *Haben Sie denn einen langlebigen, einen unsterblichen Menschen schon einmal gesehen?* Meistens antworten sie, sie hätten von irgend jemandem gehört, daß es irgendwo einen Menschen gebe, der bereits mehrere Jahrhunderte alt sei. Oft erwähnen sie Kuang Cheng Tze vom Berg Omei oder Hsu Che vom Berg Ching Cheng, die beide seit mehreren Jahrtausenden am Leben sind. Sie behaupten aber nie, sie könnten einen dieser berühmten Unsterblichen einladen, damit er sich den Menschen vorstelle.

Manchmal stelle ich auf solche Fragen wiederum andere Fragen: *Glauben Sie, daß die Meditation die Kultivierung des Tao ist? Was ist Tao? Wie kann man es kultivieren?* Schließlich: *Aus welchem Grund wollen Sie das Tao beziehungsweise die Meditation kultivieren?*

Von zwölf Befragten antworten praktisch ein Dutzend, daß sie Langlebigkeit erreichen und Krankheiten vorbeugen möchten. Viele Menschen sind begierig, mehr über die Meditation und die Pflege des Tao zu erfahren. Sie wollen lernen, wie man die *ch'i*-Bahnen, das *Diener-Gefäß*, das *Lenker-Gefäß* sowie die acht zusätzlichen Meridiane öffnen kann. Sie wollen auch mehr über die *ch'i*-Bahnen und die sieben Chakras des Yoga und des esoterischen Buddhismus erfahren. Dabei vergessen sie jedoch meistens die erhabenen Prinzipien beziehungsweise die philosophischen Grundlagen, die hinter der Pflege des Tao und der Öffnung der *ch'i*-Bahnen zum Zwecke der Langlebigkeit stecken. Kultiviert ein Mensch das Tao lediglich zum Zweck der eigenen Langlebigkeit, so ist das ein extremer Ausdruck der Komponente der Selbstsucht in der menschlichen Natur.

Ist das Öffnen der *ch'i*-Bahnen im Körper die Frucht des Tao, so ist dieses Tao dennoch der Same des Materialismus. Ist Tao Geist oder Materie? Über diese Frage denken die meisten Menschen nur sehr oberflächlich nach.

Soll das nun bedeuten, daß die Langlebigkeit unmöglich sein soll? Aber nein! Zunächst einmal müssen wir jedoch zwei wichtige Punkte vor Augen halten: Erstens bedeutet Langlebigkeit, die eigene Gesundheit zu erhalten, den Alterungsprozeß zu verlangsamen, ohne Krankheit und Schmerzen zu leben und schließlich friedlich zu sterben, ohne anderen Menschen Kummer zu bereiten. Zweitens bedeutet Unsterblichkeit keineswegs unbegrenzte Langlebigkeit des Körpers, sondern vielmehr das ewige Leben des Geistes. Was bedeutet in diesem Zusammenhang das *Leben des Geistes*? Das Leben des Geistes ist jenseits von Verstand oder Materie, es ist der Urgrund des Lebens selbst.

Die Funktionen und Auswirkungen des geistigen Lebens zeigen sich im Körper und im Bewußtsein eines Menschen. Das Wesen des geistigen Lebens ist äußerst komplex und wird in späteren Kapiteln näher erörtert. Seit Urzeiten ist das letztendliche Ziel aller Religionen die Suche nach – beziehungsweise die Rückkehr zu – dem ewigen Leben des Geistes. Aufgrund von sprachlichen und kulturellen Unterschieden wurde die Bedeutung von *geistigem Leben* auf unterschiedliche Weise zum Ausdruck gebracht.

Wenn das Tao kultiviert werden kann, heißt das dann, daß auch die Langlebigkeit möglich ist? Ich würde sagen, daß das Tao tatsächlich kultiviert werden kann und daß Langlebigkeit möglich ist. Man muß jedoch erkennen, daß dies nicht nur ein irdisches Unterfangen ist. Wünscht ein Mensch, sowohl seine irdischen Verlangen zu befriedigen als auch die Unsterblichkeit zu erreichen, so werden seine Bemühungen umsonst sein.

Es gibt die alte Geschichte eines berühmten Mannes in einer sehr hohen Regierungsposition, der von einem Taoisten hörte, der angeblich über zweihundert Jahre alt war und trotzdem noch jung aussah. Als der Regierungsbeamte den Mann nach dem Geheimnis seines jugendlichen Aussehens fragte, antwortete dieser: *Ich habe mich nie einer Frau genähert.* Enttäuscht rief daraufhin der Regierungsbeamte aus: *Wozu dann die Pflege des Tao?* Neben der sexuellen Begierde haben Menschen auch andere Begierden, darunter auch der Wunsch nach Unsterblichkeit. Obwohl diese den höchsten Wunsch des Menschen darstellt, bildet das Streben nach Unsterblichkeit dennoch das größte Hindernis für spirituelles Wachstum. Ein normaler Mensch muß viele Tätigkeitsgebiete aufgeben, um sich auf einem einzigen Gebiet zu spezialisieren. Dies trifft insbesondere zu, wenn ein Mensch die Unsterblichkeit erlangen will.

In der *Yin Fu Sutra* des Taoismus heißt es: *Schließe Gewinn oder Profit als Beweggründe aus, und die Wirksamkeit eines Heeres wird zehnfach vermehrt.* Ebenso wie das Gehör eines Menschen geschärft wird, wenn er sein Sehvermögen verloren hat, kann ein Mensch keinesfalls die Unsterblichkeit erlangen, sofern er nicht seine irdischen Verlangen aufgibt.

Meditation

Der chinesischen Auffassung zufolge besteht die Meditation – nach taoistischer und konfuzianischer Art – im *stillen Sitzen*. Obgleich *Stille* der erste Grundsatz der Meditation ist, gibt es dennoch nicht weniger als sechsundneunzig verschiedene Stellungen, deren Sinn und Zweck darin bestehen, die Erreichung der *Stille* zu erleichtern.

Stillsein und Tätigsein sind relative Begriffe; im weiteren Sinne bedeuten sie Ruhe und Bewegung – zwei entgegengesetzte Zustände menschlichen Lebens. Tao ist weder Bewegung noch Stille: Bewegung und Stille sind alle beide Funktionen des Tao. Das Tao ist in einer Bewegung und in einer Stille. Das heißt also, das Tao ist in der Bewegung *und* in der Stille zugleich. Wenn man also nur die Stille als das Tao betrachtet, dann ist der Begriff unvollständig.

17

Die Stille ist grundlegend für die Pflege des Körpers und bildet den Grundstein der Meditation. Hinsichtlich der Pflege des Körpers werden dessen Gesundheit und Langlebigkeit (die Energiequelle allen Lebens) in einem Zustand der Stille kultiviert. Das Wachstum von Tieren und Pflanzen erfolgt in der gleichen Weise. Nach der Aktivität braucht der Mensch Ruhe. Schlafen ist eine Möglichkeit, sich auszuruhen, und durch ausreichende Ruhe wird die Lebenskraft ständig erneuert. In diesem Zusammenhang bemerkte Laotse: *Alle Dinge kehren zu ihren eigenen Wurzeln wieder zurück. Die Rückkehr zu den eigenen Wurzeln wird Stille genannt und bedeutet die Erneuerung des Lebens.* Ferner sagte er: *Die Stille ist das Mittel, um der Auswirkungen übermäßiger Betriebsamkeit Herr zu werden.* In *Das Große Lernen*, einem der *Vier Bücher,* heißt es: *Wenn man es versteht, die Gedanken anzuhalten, dann findet man Konzentration; durch Konzentration kann man die Stille finden*; mittels der Stille kann man zum Frieden gelangen; durch Frieden kann man Weisheit erlangen; über Weisheit kann man das Tao erreichen. Die Grundsätze, die im *Klaren Stillen Sutra* des Taoismus beschrieben werden, leiten sich auch von der Beobachtung und Nachahmung der Natur her. Im späteren Stadium des chinesischen Buddhismus wird *dhyana* als *stilles Denken* übersetzt.

Die Stille ist das Treibhaus, in der die *vorhimmlische* Weisheit, das heißt die spirituelle Entwicklung kultiviert wird. Bloßes Wissen wird durch den Gebrauch des Verstandes im *später-himmlischen* Leben erlangt. Weisheit (*prajna*) wird erreicht im Zustand der Stille, indem man Einsichten erhält oder erleuchtet wird. Im Buddhismus sind Disziplin, *samadhi* oder Konzentration und Weisheit die drei Wege, *anasrava*, wörtlich *kein Tropfen, Durchsickern oder Fließen,* zu erreichen. Die Buddhisten gehen davon aus, daß *samadhi* im Mittelpunkt steht und den Menschen darauf vorbereitet, den Zustand von *prajna* zu erreichen.

Stille ist einfach nur Stille. Das bedeutet: Wenn ein Mensch seinen Verstand einsetzt, um die Stille zu erlangen, wenn er also eine Methode oder Technik anwendet, um sie zu suchen, stört er die Stille durch geistige Aktivität. Im Zen-

Buddhismus kann es vorkommen, daß ein Lehrer seinem Schüler sagt: *Dein Geist ist jetzt beschäftigt, deshalb ist es besser, du gehst dich jetzt ausruhen.* Der normale Zustand von Geist und Körper im Alltag ist meist aktiv. Solche geistigen Zustände umfassen Bewußtsein, Denken, Wahrnehmung, Empfinden oder Fühlen; und sie sind unaufhörlich.

Oder denken wir einmal an die Verfassungen des Körpers. Zu jedem Zeitpunkt kann man etliche körperliche Funktionen nachvollziehen: das Kreisen des Blutes, das Spüren der Nerven, die Ein- und Ausatmung. Besonders wenn irgendeine Krankheit latent im Körper schlummert, kann die Meditation ein Gefühl des Prickelns, Kälteschauer, Fieber oder Gefühle von Hitze, Einengung, Anschwellen, Taubheit oder Jucken nach sich ziehen. Diese Empfindungen erlebt man viel intensiver in einem Zustand der Stille. Wie der Baum, der still sein will, wenn der Wind nicht aufhören will zu blasen, wird der Geist aktiver, wenn er eigentlich still sein will. Deshalb werden Anfänger oft von chaotischen Gedanken geplagt. Manchmal fühlen sie sich zunächst einmal sogar noch unstabiler, verwirrter und gereizter als vorher, als sie noch nicht angefangen hatten zu meditieren. Daraus könnten sie den Schluß ziehen, daß sie nicht meditieren sollten. Manchmal passiert es auch, daß Anfänger, beeinflußt durch chinesische Legenden und Erzählungen, die oft von der Entstehung geheimnisvoller Kräfte infolge der Meditation berichten, Angst bekommen, auf Irrwege zu gelangen. Solchen Ängsten liegt jedoch ein falsches Verständnis dieser Erzählungen zugrunde.

Geistige und körperliche Verfassungen
während der Meditation

Es gibt viele Beweggründe, die die Menschen zur Meditation führen. Manche meditieren, um ihre Gesundheit zu pflegen und ein hohes Alter oder ein langes Leben ohne Alterungserscheinungen zu erreichen. Andere sehen in der Meditation einen Weg, das Tao zu kultivieren und den Körper zu pflegen. Es gibt jedoch auch geistige und körperliche Probleme, die bei der Meditation auftreten können. Als erste werden hier die geistigen Probleme erörtert.

Ziel und Zweck der Meditation sind dem Geist zugeordnet. Der Begriff *Geist* umfaßt die modernen Begriffe Gehirn, Bewußtsein und Denken. Obwohl dieser Geist angeblich durch Meditation Stille erlangt, werden die ersten Bemühungen um Stille ständig durch beunruhigende Gedanken durchkreuzt. Das liegt daran, daß die Menschen sich meistens nicht darüber im klaren sind, daß ihr Geist von morgens bis abends und von der Geburt bis zum Tode ständig mit Gedanken durchflutet ist, wie ein Wasserfall, der niemals aufhört zu strömen. Sobald ein Mensch jedoch zu meditieren beginnt, erkennt er aufgrund der relativen Stille, die in ihm entsteht, die unaufhörliche und chaotische Natur seiner Gedanken. Dies ist in Wirklichkeit die erste Auswirkung der Meditation.

In einem Glas voll trüben Wassers kann man keine einzelnen Schmutzpartikel erkennen. Fügt man dem stillen Wasser jedoch ein Klärungsmittel hinzu, so kann man beobachten, wie sich die Schmutzpartikel auf dem Glasboden absetzen. Dieser Schmutz wird nicht deswegen erzeugt, weil das Wasser still ist: Er war die ganze Zeit über schon da. Nur im Zustand der Stille wird die Gegenwart des Schmutzes entdeckt. Analog hierzu sehen wir meist keinen Staub in einem Zimmer, außer wenn die Sonne plötzlich durch das Fenster ins Zimmer strahlt, und dann sehen wir die Staubkörner überall.

Obgleich wir während der Meditation den *Staub* des Geistes beobachten, ist es nicht erforderlich, ihn mittels irgendeiner Technik zu entfernen. Indem wir einfach nur still sitzen und das Gefäß weder schütteln noch bewegen, damit wir den Staub weder vermehren noch vermindern, wird sich dieser geistige Staub auf natürliche Weise setzen.

Das zweite Problem, das häufig auftritt, ist, daß der Mensch schläfrig wird, wenn er sich in einem relativ ruhigen Zustand befindet, und deshalb beim Meditieren unbeabsichtigt einschlafen kann. Tritt dieser Fall ein, so sollte der Meditierende selbst prüfen, ob seiner Schläfrigkeit eine körperliche oder geistige Ermüdung zugrunde liegt. Falls ja, dann sollte er sich sofort schlafen legen. Nach ausreichendem Schlaf, seine Lebenskraft wieder erneuert, sollte er dann wieder meditieren. Stellt er jedoch fest, daß weder geistige noch körperliche Müdigkeit vorliegt, dann sollte er lieber aufstehen und sich etwas bewegen. Nachdem er den Geist auf diese Weise angeregt hat, wird er in der Lage sein, einen angemessenen und stabilen Zustand der Stille einzuhalten.

Auswirkungen des *Ch'i* im Körper

Die uralte medizinische Wissenschaft Asiens hat den gleichen Ursprung wie die Hexenkunst; da bildet die chinesische Medizin keine Ausnahme. Während der Chou- und Ch'in-Dynastien, also vor etwa dreitausend Jahren, kehrten die Praktiker der chinesischen Heilkunst den Methoden der Hexenmeister und Schamanen den Rücken und wandten sich den Methoden und Techniken des Taoismus zu. Die chinesische Heilkunst, die Techniken des Taoismus sowie die Methoden des indischen Yoga gehen alle davon aus, daß die Quelle allen Lebens in den unendlichen Vorräten an *ch'i*, dem im Körper latent vorhandenen Energiepotential, liegt. In den uralten taoistischen Sutras wird das alte Schriftzeichen 炁 verwendet, um *ch'i* darzustellen. Aus einer Analyse dieses Schriftzeichens erhalten wir das uralte Schriftzeichen für 無, was soviel wie *kein* bedeutet, während `` die gleiche Bedeutung hat wie 火, Feuer. Demnach bedeutet *ch'i*, oder 炁, *kein Feuer*.

21

Was bedeutet hier Feuer? Sexuelles Verlangen, wollüstige Zuneigungen und Anziehungen, rastlose, hektische Gedanken und ein ruheloser Geist: Solche Verfassungen sind mit der Vorstellung des Feuers verbunden. In der Abwesenheit dieses schnell brennenden und alles verzehrenden Feuers wäre man also mit Lebenskraft erfüllt. In der chinesischen Medizin heißt Feuer, das sich rastlos bewegt, *sekundäres Feuer*, während Feuer an der richtigen Stelle und im richtigen Zustand als *herrschendes Feuer* bezeichnet wird. Wenn man über das sogenannte herrschende Feuer verfügt und voller potentieller Energie ist, dann kann das latente *ch'i* erweckt werden.

Die Begriffe *latente Energie* und *Kundalini* sind sowohl im Yoga als auch im esoterischen Buddhismus und Taoismus sehr wohl bekannt. Die meisten Menschen, die sich solchen Praktiken hingeben, haben jedoch eine falsche Auffassung der Natur solcher Energie oder Kundalini-Kraft und können unter Umständen an hohem Blutdruck, Stauungen im Gehirn oder Alterspsychosen wie Schizophrenie sterben. Sie wissen nicht, daß die sogenannte Kundalini-Kraft eine Auswirkung der *Dharma*-Wärme ist, die im Buddhismus das erste Stadium von *catus-kusala-mula* (die vier guten Wurzeln des Frühjahrsobstes oder die Quellen des Wachstums) darstellt. Es ist leicht, das Gefühl von Wärme oder Hitze im Unterleib oder im Damm mit dem Erwachen der Kundalinikraft zu verwechseln. Hier handelt es sich jedoch oft um ein bösartiges Feuer und nicht um ein echtes Erwachen latenter Energie.

Die alten Chinesen maßen die Zeit über den Lauf von Sonne und Mond und teilten den Tag in zwölf Stunden ein. So ist jede chinesische Stunde eine doppelte und entspricht zwei Stunden von je sechzig Minuten. Die zwölf chinesischen Doppelstunden finden ihre Entsprechungen in den zwölf Meridianen, das sind die Bahnen, durch die in einem lebendigen Körper die *ch'i*-Kraft fließt. Die Akupunktur beruht auf dem Prinzip, daß *ch'i* (oder Vitalkraft) während jeder Doppelstunde durch eine bestimmte Bahn fließt.

Die zwölf Meridiane spielen eine wichtige Rolle in der Medizin, aber daneben gibt es auch zusätzliche *ch'i*-Bahnen,

die im Taoismus bedeutend sind. Es handelt sich um die soge-
nannten *chi ching pa mai* oder acht zusätzlichen Meridiane:
*Tu Mai, Jen Mai, Ch'ong Mai, Tai Mai, Yang Wei, Yin Wei, Yang
Ch'iao* und *Yin Ch'iao.*

Im *Chuang Tze* werden die Entsprechungen zwischen dem
Tu Mai und dem menschlichen Körper erwähnt. Das *Tu Mai*
entspricht der Wirbelsäule des zentralen Nervensystems. *Jen
Mai* entspricht dem autonomen Nervensystem und dem Ver-
dauungssystem. *Tai Mai* ist mit dem Nervensystem der Nieren verbunden, während *Yang Wei* und *Yin Wei* eng mit den
Nervensystemen des Großhirns, des Kleinhirns und des Zwischenhirns zusammenhängen. *Zwischenhirn* ist ein moder-
ner Begriff. Die alten Weisen kannten keine Neuroanatomie,
und aus diesem Grund soll dieser Begriff im folgenden nicht
mehr verwendet werden. Statt dessen werden die Ausdrücke
Kopfmitte oder *Scheitel des Kopfes* verwendet, die ohnehin
eine genauere Übersetzung des Gemeinten darstellen.)

Yang Ch'iao und *Yin Ch'iao* sind dem Nervensystem der
Genitalien sowie der Prostata und den Nervenfunktionen in
den Händen und Füßen zugeordnet. Das *Ch'ong Mai* läßt
sich schwer definieren; wir können jedoch festhalten, daß es
irgendwo zwischen dem zentralen und dem autonomen Nervensystem angesiedelt ist, obwohl es keinen festen Platz oder
Bereich besitzt. Diese *ch'i*-Bahn beginnt irgendwo zwischen
Hoden und Glied im Mann und zwischen Scheide und Ute-
rus in der Frau. Es steigt nach oben, durchquert Magen und
Herzgegend und steigt dann weiter zur Kopfmitte. Nur derje-
nige, der wirklich eine *ch'i*-Bahn geöffnet und das Fließen des
ch'i selbst erlebt, wird davon überzeugt sein, daß es sich beim
ch'i und bei den *ch'i*-Bahnen um reale Phänomene handelt.*

---

* Ich wurde nicht in der westlichen Medizin ausgebildet, und deshalb stammt
die medizinische Terminologie, die ich hier in Verbindung mit den *ch'i*-Phä-
nomenen verwende, aus eigener Erfahrung und eigener Forschung.

Im esoterischen Buddhismus und im indischen Yoga geht man davon aus, daß es drei *ch'i*-Bahnen und sieben Chakras gibt. Die drei *ch'i*-Bahnen sind die Meridiane auf der linken und rechten Seite sowie in der Mitte des Oberkörpers. Die sieben Chakras entsprechen den großen Nervengeflechten im menschlichen Körper. Der Taoismus hingegen lehrt, daß es im Oberkörper vordere (*Jen Mai*), hintere (*Tu Mai*) und mittlere (*Chong Mai*) *ch'i*-Bahnen gibt. Daneben spricht der Taoismus auch vom oberen *Tan Tien*, vom mittleren *Tan Tien* und vom unteren *Tan Tien*. Die verschiedenen *Tan Tien* unterscheiden sich von den Chakras, auch wenn sie ähnliche Funktionen und Wirkungen aufweisen. Das obere *Tan Tien* liegt in der Mitte des Kopfes hinter dem Punkt zwischen den Augenbrauen. Der mittlere *Tan Tien* liegt an einem Punkt in der Mitte des Oberkörpers zwischen den Brüsten. Der untere *Tan Tien* liegt etwa zwei Finger breit unterhalb des Nabels. Der Taoismus unterscheidet einen weiteren Punkt namens *Chong Kung*, wörtlich *mittlerer Palast*, der zwischen Magen und Zwerchfell angesiedelt ist.

Tan bedeutet *Pille der Unsterblichkeit*, während *Tien* mit *Feld* zu übersetzen ist. Das soll nun nicht heißen, wie manchmal fälschlicherweise angenommen wird, daß man eine Pille, ein Elixier oder ein Tonikum hervorzaubern kann, die in den *Tan Tien* Unsterblichkeit verleihen würden. Könnte man in den *Tan Tien* eine *Unsterblichkeitspille* einführen, dann wäre die Folge davon ein bösartiges Gewächs und nichts, was von Nutzen wäre.

Die Chakras des indischen Yoga werden als wichtige Nervengeflechte erkannt. Die wichtigen Nervengeflechte von dem Scheitel des Kopfes bis zum Damm entsprechen, so heißt es, den sieben Chakras, aber dies läßt sich schwer beweisen. Es steht jedenfalls fest, daß die Chakras und die großen Nervengeflechte eng miteinander verknüpft sind.

Während der Meditation beruhigt sich der Geist, und die Gedanken werden langsamer oder hören gänzlich auf. Der Blutkreislauf verlangsamt sich, so daß die Belastung des Herzens vermindert wird. Meditiert man in der richtigen Stellung, ohne die eigene Energie in der Aktivität zu erschöpfen, so wird die innere Sekretion der Hirnanhangdrüse oder Hypophyse gleichmäßiger als sonst verteilt, was im Laufe der Zeit das Gefühl einer Fülle von *ch'i* erweckt. Die auffälligsten Auswirkungen sind im zentralen Nervensystem, am Ende der Wirbelsäule und in den Nieren festzustellen, und es ist möglich, daß man an diesen Stellen ein Anspannen oder Anschwellen spürt.

Das *ch'i* zieht von diesen Stellen langsam weiter und erzeugt ein Gefühl des Sich-Windens, während es durch eine *ch'i*-Bahn fließt.

Dies gilt für eine normale Person mit durchschnittlicher Gesundheit. Falls man jedoch an bestimmten Krankheiten oder latenten Krankheiten leidet oder aber um ein Vielfaches gesünder und stärker ist als der Durchschnitt der Menschen, dann wird es sich anders verhalten. Jeder Mensch hat eine andere geistige und körperliche Verfassung und wird deshalb unterschiedliche Reaktionen beobachten können. Dabei gibt es keine Regel, die für alle Menschen zutrifft.

Die geistigen und körperlichen Funktionen, die während der Suche nach Stille in der Meditation von Bedeutung sind, können in zwei Kategorien aufgeteilt werden: Bewußtsein und Empfindung beziehungsweise Spüren. Das Bewußtsein umfaßt Gedanken, Bilder und so weiter, während das Spüren Gefühle, körperliche Empfindungen sowie den Fluß des *ch'i* enthält.

Sobald das *ch'i* ins Fließen kommt, konzentrieren sich die meisten Menschen unbewußt auf dieses Gefühl, das dadurch sehr viel stärker wird. Die Bewegung des *ch'i* wird dann durch die eigene Mentalkraft gestört, was unter anderem Täuschung, Irrglauben, wirre Gedankenassoziation oder chaotische Geisteszustände herbeiführen kann. Manche könnten fälschlicherweise annehmen, sie hätten die *ch'i*-Bahn bereits geöffnet.

Unter dem Einfluß der durch die konzentrierte Aufmerksamkeit erzeugten Illusionen spannen andere ihre Nerven an und verfallen in geistige oder körperliche Krankheitszustände. Die Meditation führt niemanden zum Wahnsinn. Mangelndes Verständnis, verursacht durch mangelnde Kenntnis der Grundsätze der Meditation, kann jedoch anomale Geisteszustände hervorrufen und die Stille der Meditation stören.

Meditationsstellungen

Der Konfuzianismus, der Buddhismus und der Taoismus kennen sechsundneunzig verschiedene Meditationsstellungen, die aus Urzeiten überliefert sind, darunter auch einige Schlafstellungen. Die beliebteste Meditationsstellung im Buddhismus ist das Sitzen mit gekreuzten Beinen in der sogenannten halben oder vollen Lotosstellung.

Nach der Sung-Dynastie führten die Rationalisten ihre eigenen Meditationstechniken ein, die unter dem Einfluß des Buddhismus und des Taoismus standen. Ch'eng Ming Tao verbreitete die Ansicht, man solle in der Stille die eigene Natur und die Metaphysik kultivieren. Sein Bruder Cheng I Chuan fügte die Methode des *Chun Ching* hinzu, mit der eine Reinigung des Geistes durch eine ernsthafte Haltung erzielt wird. Seither praktizieren die Konfuzianer die Meditation, indem sie einfach mit ernsthafter Haltung, den Händen auf den Knien, auf einem Stuhl sitzen.

Der Taoismus verwendet die Lotosstellungen sowie die liegenden Stellungen. Je nach körperlicher Beanspruchung oder Fortschritt in der Kultivierung der *ch'i*-Kraft werden manchmal unterschiedliche Stellungen benutzt.

Die Lotosstellungen

Die Lotosstellung wird manchmal auch die *Sieben-Zweige-Sitzmethode* genannt, weil sie sieben wichtige Punkte des Körpers erfaßt.

1. Zuerst kreuzt man die Beine übereinander (im sogenannten Lotossitz). Wenn man dies nicht schafft, kreuzt man statt dessen ein Bein über das andere, das heißt also entweder das rechte über das linke oder das linke über das rechte. Falls man auch den halben Lotossitz nicht schafft, kann man die Beine einfach im herkömmlichen Schneidersitz kreuzen.

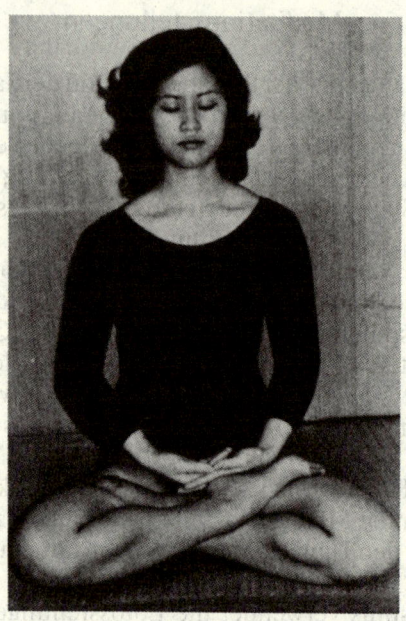

Abb. 5.1 Volle Lotosstellung

2. Kopf, Nacken und Wirbelsäule sollten senkrecht gerade sein. Bei Schwäche oder Krankheit braucht man sich jedoch nicht allzusehr um eine absolut gerade Haltung zu bemühen.

3. Anschließend legt man die rechte Hand auf die linke, wobei die Handflächen nach oben zeigen und die Daumenspitzen sich sanft berühren, und läßt sie auf dem Schoß ruhen. Diese Stellung heißt das *Samadhi-Siegel*.

4. Die Schultern sollten ohne jede Anspannung aufrecht gehalten werden; sie sollten weder absacken noch nach vorne fallen.

5. Der Kopf wird gerade gehalten und das Kinn leicht eingezogen, wodurch ein ganz leichter Druck auf die beiden großen Arterien (rechts und links) ausgeübt wird.

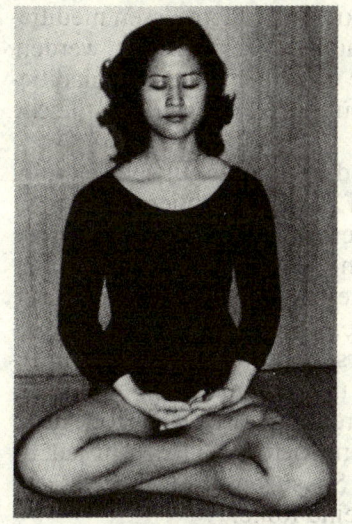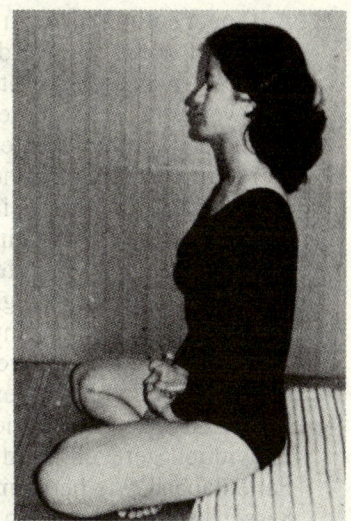

Abb. 5.2 Halbe Lotosstellung:
Rechtes Bein über linkes Bein   Linkes Bein über rechtes Bein

6. Die Augen sind leicht geöffnet, so daß man schaut, ohne zu sehen. Der Blick sollte etwa drei Meter oder auch etwas weiter nach vorn gerichtet sein. Menschen, die ihre Augen sehr stark beanspruchen, sollten am Anfang mit geschlossenen Augen meditieren.
7. Die Zunge sollte am Gaumen dicht hinter die Schneidezähne angelegt werden, um die Speicheldrüse anzuregen. Ein Säugling, das noch keine Zähne hat, schläft mit der Zunge in dieser Stellung.

Zusätzliche Anweisungen und Stellungen

1. Entspannen Sie bewußt Ihren Körper, Ihren Geist und Ihre Nerven. Lockern Sie ebenfalls Ihre Muskeln, damit Sie nirgendwo angespannt sind. Legen Sie auch ein sanftes Lächeln auf Ihre Lippen, denn wenn man lächelt, sind die Nerven entspannt.

29

2. Anfänger sollten nicht zu kurz nach dem Essen meditieren, weil sonst die Verdauung beeinträchtigt werden könnte. Andererseits sollte man aber auch nicht meditieren, wenn man Hungergefühle hat, da man sonst leicht abgelenkt werden könnte.

3. Der Raum, in dem man meditiert, sollte gut belüftet sein, aber man sollte niemals in Zugluft meditieren.

4. Meditieren Sie nicht an einem dunklen Ort, weil Sie sonst leicht einschlafen könnten. Meditieren Sie aber auch nicht bei zu großer Helligkeit, weil der Körper sich sonst zu sehr anspannen könnte.

5. Anfänger sollten nicht versuchen, zu lange zu meditieren, sondern lieber kürzer und dafür öfter.

6. Benutzen Sie zum Meditieren ein Kissen. Die Höhe muß individuell geregelt werden. Richten Sie sich in jedem Falle danach, wie bequem Sie sitzen. Die Festigkeit des Kissens spielt dabei auch eine Rolle.

7. Verwenden Sie bei kaltem Wetter eine Decke, um Ihre Knie und Ihren Nacken warm zu halten. Sonst könnten Sie sich erkälten, und da hilft kein Medikament. Dieser Punkt ist sehr wichtig.

8. Wenn Sie Ihre Meditation beendet haben, massieren Sie vor dem Aufstehen Ihre Fußsohlen und Ihr Gesicht mit den Handflächen. Es ist auch sinnvoll, nach der Meditation irgendeine Form von Ausgleichsgymnastik zu treiben.

Falls Sie die halbe Lotosstellung nicht einnehmen können oder aber in dieser Stellung meditieren, bis Ihre Füße einschlafen und Sie dennoch weiter meditieren wollen, können Sie zu einer der in Abb. 5.3 bis 5.10 gezeigten Stellungen übergehen.

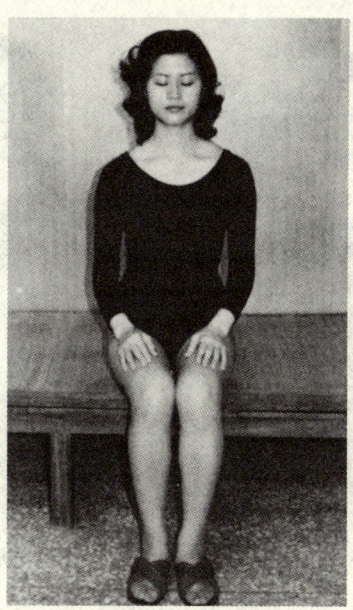

Abb. 5.3:
Sitzen auf einem Stuhl

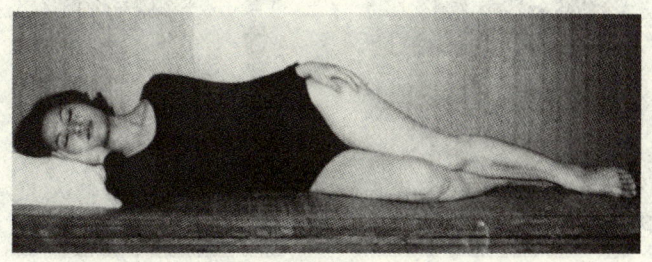

Abb. 5.4:
Liegende Stellung

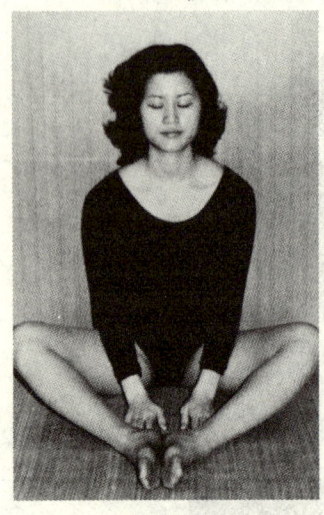

Abb. 5.5:
Löwen-Stellung

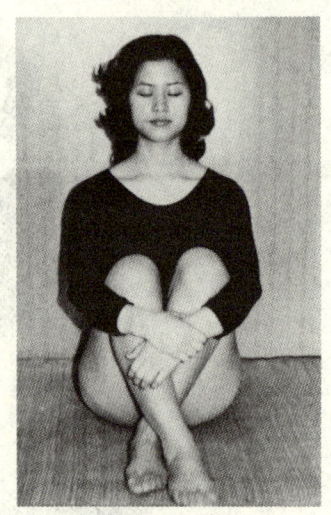

Abb. 5.6:
Unsterblichen-Stellung

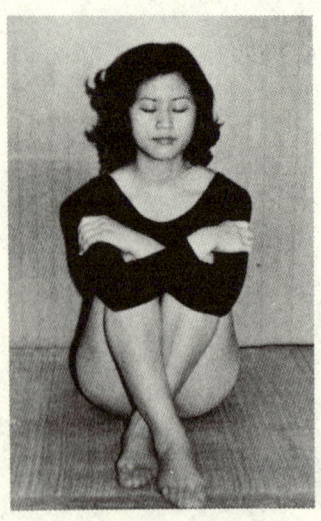

Abb. 5.7:
Sechs-Ofen-Stellung

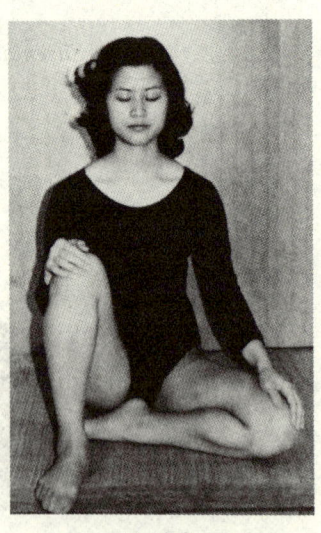

Abb. 5.8:
Bodhisattva-Stellung

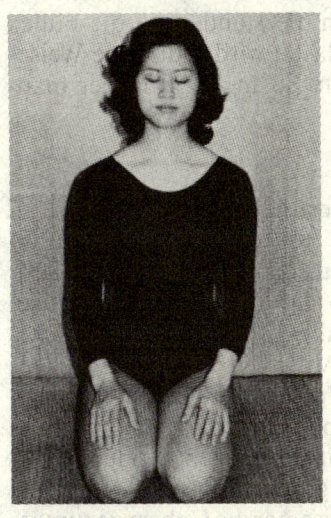
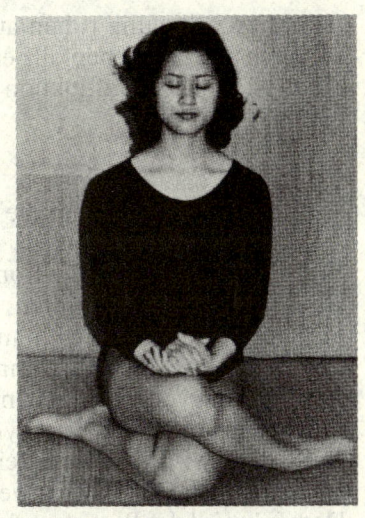

Abb. 5.9:   *Abb. 5.10:*
Rittlings sitzender Kranich (1)   *Rittlings sitzender Kranich (2)*

Stellungen der Hände – Mudras oder Handzeichen

Es läßt sich allgemein feststellen, daß die Wirbelsäule das
Zentrum des menschlichen Nervensystems bildet, wobei die
Nerven links und rechts der Wirbelsäule angeordnet und miteinander verflochten sind. In gewisser Weise kann man sie
mit den Zweigen eines Baums vergleichen, die am Baum-
stamm entlang verteilt sind.

In der Lotos- beziehungsweise Sieben-Zweige-Stellung
werden die Hände und Füße gekreuzt und auf diese Weise
gewissermaßen ineinander verflochten. Dies bewirkt, daß
das *ch'i* von links nach rechts und von rechts nach links
strömt und dann zur Mitte zurückkehrt. Das heißt, daß die
Energien der linken Seite (Yang) und der rechten Seite (Yin)
auf diese Weise miteinander kommunizieren können.
Dadurch wird weniger Energie zerstreut: Jede Seite hat die
Funktion, die andere Seite auszugleichen und die ursprüngliche Lebenskraft wiederherzustellen.

In dieser Stellung ruhen auch die Hände und die Füße, wodurch das Herz ebenfalls entlastet wird. Auf diese Weise erholt sich die Herzfunktion um so mehr, je länger man meditiert.

Auswirkungen auf die Gesundheit: der Kopf

In der Lotosstellung ist der Kopf in der richtigen Haltung: Das Großhirn liegt etwas hinten, so daß die Hirnanhangdrüse nicht eingeklemmt ist und auf diese Weise ihre natürliche Funktion zurückerlangen kann. Aufgrund der gleichmäßigen Absonderung der Hirnanhangdrüse normalisiert sich die Funktion von Schilddrüse, Lymphdrüsen und Nebennieren. Außerdem wird das Kinn leicht angezogen, wodurch ein leichter Druck auf die zwei großen Arterien entsteht. Dadurch wird das Blut etwas langsamer ins Gehirn gepumpt. Das hilft, nervöse Anspannung und das unaufhörliche Kreisen der Gedanken zu reduzieren. Es dient außerdem dazu, den Blutdruck zu normalisieren.

Auswirkungen auf die Gesundheit: Das Sitzen mit gekreuzten Beinen

Manche Menschen befürchten, daß das Kreuzen der Beine beim Meditieren nicht nur gesundheitsschädigend sein könnte, sondern auch, daß der Druck, der durch das Sitzen in dieser Stellung auf die Blutgefäße in den Beinen ausgeübt wird, zu einer ernsthaften Krankheit wie etwa einer Venenentzündung führen könnte. Deshalb machen sie sich Sorgen, wenn sie beim Meditieren ein unangenehmes Prickeln oder ein taubes Gefühl in den Beinen feststellen. Diese Sorge beruht jedoch auf einem Mißverständnis. Tatsächlich besteht ein wichtiger Zusammenhang zwischen der Gesundheit und dem Zustand der Füße und Beine. (Zum Beispiel können toxische Zustände im Körper sehr wohl mit ausschlaggebend sein für eine Venenentzündung in den Beinen. Der uralten medizinischen Theorie der chinesischen Taoisten zufolge geht die Lebenskraft *von den Fußsohlen aus*. Das stimmt tatsächlich: Die Gesundheit und Langlebigkeit eines Menschen stehen in einem direkten Zusammenhang mit dem Zustand seiner Füße und Beine. Säuglinge und Kleinkinder bewegen ihre Füße und Beine ständig. In der zweiten Lebenshälfte spürt man weniger Kraft unterhalb der Taille und legt deswegen gern die Füße hoch, zum Beispiel beim Sitzen. Ein Abbau der Lebenskräfte und der Beginn des Todesprozesses setzen meist in den Füßen und Beinen ein und ziehen allmählich aufwärts zum Oberkörper und zum Kopf. Neigen die Beine dazu, beim Meditieren zu schmerzen oder sich taub zu fühlen oder im Lotossitz einzuschlafen, so ist das ein Zeichen dafür, daß man latente Gesundheitsprobleme hat, und ein Hinweis darauf, daß die Nerven und Blutgefäße in den Beinen in keiner guten Verfassung sind.

Wenn man sich aber gedulden kann, nachdem man die Beine gelöst hat, bis das Prickeln und das taube Gefühl nachlassen oder aufhören, so kann man eine bisher noch nie gespürte Art der Euphorie erleben. Wenn Sie es schaffen können, bei Ihrer Meditation solange auszuharren, bis Ihr Blut und Ihre *ch'i*-Kraft frei in Ihre Beine fließen, dann werden Sie spüren, wie eine gewaltige innere Welle, einem Orgasmus gleich, von Ihren Füßen und Beinen bis zu Ihrer Taille hoch- und wieder zurückzieht oder sogar Ihren ganzen Körper erfaßt. Sie können sicher sein, daß es auch Ihnen so ergehen wird, und deshalb lohnt es sich, durchzuhalten und Ihre Beine nicht voreilig zu lösen oder Ihre Meditation vorzeitig abzubrechen.

Der menschliche Körper läßt sich mit einem Baum vergleichen. Ein Baum senkt seine knorrigen Wurzeln tief in die Erde hinein. Mit Hilfe der Sonne, der Luft und der Nahrung der Erde wächst er empor. Der Mensch hingegen hat seine Wurzeln im Kopf. Seine Erde ist im Raum. Die Füße eines Menschen sind wie die Verästelungen der Ginsengwurzel. So ist das Kreuzen der Beine vergleichbar mit dem Biegen der Äste des Ginseng oder einer Tanne, deren krumme Äste Knoten bilden, damit die Wachstumskraft nicht nach außen zerstreut wird. So kann die Pflanze zwecks der Pflege ihrer Vitalkraft zu ihrem Ursprung zurückkehren und infolge dessen stärker werden.

Das Kreuzen der Beine ist keineswegs schädlich für die Gesundheit. Sofern man richtig übt, dient es sogar ausdrücklich der Gesundheit und der Langlebigkeit.

Der Einsatz des Geistes während der Meditation

Allgemein läßt es sich feststellen, daß etwa siebzig Prozent der Menschen, die zu meditieren beginnen, die Meditation aus Gründen der Gesundheit und der Langlebigkeit praktizieren. Um solche Zwecke zu erfüllen, braucht die Meditation keineswegs kompliziert zu sein. Weitere zwanzig Prozent beschäftigen sich mit der Meditation aus Neugier oder weil sie auf der Suche sind nach wundersamen, subtilen Erlebnissen wie Hellsichtigkeit oder Telepathie. Die übrigen zehn Prozent suchen nach dem Tao. Es ist schwer, unter zehntausend Menschen, sogar unter solchen, die nach dem Tao suchen, auch nur einen zu finden, der das Wesen des Tao und den richtigen Weg, es zu pflegen, wirklich begreifen. Es ist nicht leicht, auf dieser Suche den Geist richtig einzusetzen.

Ein Mensch sollte eine relativ klare Vorstellung davon haben, was er durch die Praxis der Meditation erreichen will, bevor er damit beginnt. Es gibt eine Reihe verschiedener Meditationstechniken, und man tut gut daran, eine zu wählen, die die Art von geistiger Pflege ermöglicht, die man sich wünscht. In China sind die beliebtesten Methoden diejenigen, die sich vom Buddhismus und Taoismus herleiten, aber es gibt auch zahlreiche Methoden, die von keiner dieser beiden Traditionen abgeleitet sind.*

---

* Es ist im Rahmen dieser Abhandlung nicht möglich, zwischen buddhistischen und taoistischen Meditationstechniken zu unterscheiden. Obwohl es überdies richtige und falsche Methoden der geistigen Pflege gibt, können sie an dieser Stelle nicht erörtert werden.

Die beliebtesten Methoden des Buddhismus sind das Aufsagen der Namen Buddhas, das Kultivieren von *Chih* und *Kuan* (das heißt, stilles Sitzen und Kontemplation), das Beobachten der eigenen Gedanken und die Verwendung der Techniken des Zen. Für solche Menschen, die wirklich an die esoterischen Lehren glauben, gilt das Aufsagen von Mantras oder die Visualisierung als ideale Methode. Wer buddhistische Meditationstechniken anwendet, geht normalerweise davon aus, daß die geistige Pflege allein ausreichend ist. Infolgedessen werden eventuell eintretende körperliche Veränderungen nicht berücksichtigt.

Taoistische Meditationspraktiken messen hingegen körperlichen Veränderungen eine große Bedeutung bei. Sie gehen sogar davon aus, daß das Öffnen von *Tu Mai, Jen Mai* und allen acht zusätzlichen Meridianen sowie das Wiedererlangen der körperlichen Gesundheit und die Verlängerung der natürlichen Lebensdauer eines Menschen natürliche Auswirkungen des Tao sind. Wer nur die Pflege des Geistes nach buddhistischen Methoden kennt und die Wunder der körperlichen Veränderung mißachtet, pflegt seinen Geist nicht in Übereinstimmung mit dem Tao. Aus diesem Grund werfen die Taoisten den Buddhisten vor, ihre Methoden wären lediglich auf die *Kultivierung der individuellen Natur* ausgerichtet, und nicht auf die Kultivierung des Lebens. Deshalb bestehen die Taoisten darauf, daß die *Kultivierung sowohl der eigenen Natur als auch des Lebens* das wahre Tao darstellt, und sie halten die Kultivierung des Lebens ohne die Kultivierung der individuellen Natur für einen großen Fehler. Oder, wie es in einem taoistischen Sprichwort heißt: *Durch die Kultivierung nur der eigenen Natur ohne die Kultivierung des Lebens wird der Yin-Geist in zehntausend Kalpas nicht heilig werden.* In seinem Kommentar zum *I Ching* sagt Konfuzius, wir sollten *das Prinzip bis in die letzten Tiefen ausloten, die ganze Natur verwirklichen und dann die Erfüllung des Lebens erfahren.*

Ob man nun Buddhist oder Taoist ist, man sollte sich im Hinblick auf die Meditation auf jeden Fall die folgende Frage stellen: *Ist eine Methode überhaupt denkbar, die den physischen Leib sowie die Empfindungen, Gefühle, geistigen Zustände oder Gedanken, die damit verbunden sind, vernachlässigt oder ignoriert?*

Visualisieren und Verfeinern des Denkens

Von den Ch'in- und Han-Dynastien bis zu den Wei- und Chin-Dynastien bestand die wichtigste Methode des Taoismus im Visualisieren sowie im bewußten Einsatz geistiger Bilder. Techniken der Visualisierung stehen im Mittelpunkt uralter taoistischer Sutras wie etwa *Huang T'ing Nei Wai Chin Ching*. Viele Taoisten, wie zum Beispiel Chang Tao Ling während der Han-Dynastie, dem wir die Tien Shu Tao-Schule verdanken, aber auch Kou Ch'ien Chu (ebenfalls ein wichtiger Vertreter von *Tien Shu Tao*) während der Wei-Dynastie im Norden sowie der berühmte Taoist Tau Hong Ching in den Südlichen Dynastien, sahen die Visualisierung beziehungsweise die Verwendung der geistigen Vorstellungskraft als ihre wichtigste Methode. Bei anderen, wie etwa den esoterischen Buddhisten, ist die Visualisierung ein grundlegender Bestandteil ihrer Lehren. Im übrigen wird die Visualisierung oder das Heraufbeschwören geistiger Bilder hinsichtlich der Existenz oder Wesensart von Gottheiten oder Gott an sich in den Gebeten und Ritualen vieler Religionen verwendet.

Im uralten Taoismus ist auch vom transzendentalen Denken die Rede. Transzendentales Denken unterscheidet sich grundsätzlich vom Visualisieren. Das Visualisieren ist eine Methode zur Kultivierung des Geistes oder der geistigen Haltung, während das transzendentale Denken eine Methode zur Kultivierung von Weisheit ist. Der Zen-Buddhismus entstand in den Südlichen Dynastien und entwickelte sich weiter bis in die Sui- und Tang-Dynastien hinein. Während der Sung- und Yuan-Dynastien wurde neben anderen Methoden auch *Hua Tou* entwickelt. *Hua Tou* ist eine Meditationstechnik des Zen-Buddhismus. Das Wichtigste des *Hua Tou* besteht darin, irgendeinen Satz ständig zu wiederholen und den Vorgang geistig zu beobachten. Man könnte zum Beispiel fragen: *Wer bin ich...? Wer bin ich...?* und dabei beobachten, was sich innerlich abspielt. Mit zunehmender Übung kann man das wilde Kreisen der Gedanken anhalten und die Stille der Pausen bis zur Unendlichkeit ausdehnen. Die zweite Art, mit *Hua Tou* zu arbeiten, was wörtlich *Wort-Kopf* bedeutet, ist die Wiederholung einer Frage, die einen stark beschäftigt, ohne dabei die Antwort über das rationale Denken zu suchen. Diese Techniken stellen zwei Möglichkeiten des transzendentalen Denkens dar.

Die Methoden des Visualisierens und des transzendentalen Denkens enthalten weder die Methode der Verwandlung des *ch'i*, die in der Chin-Dynastie sowie in den Dynastien des Südens und des Nordens vorherrschte, noch die Methode der Konzentration auf bestimmte Stellen im Körper (beispielsweise die Konzentration auf *Tan Tien*), die während der Ming- und Ch'ing-Dynastien sehr weit verbreitet war. Mit der taoistischen Praxis der Verwandlung von *ching* in *ch'i*, von *ch'i* in *shen* und von *shen* in Leere haben sie nichts zu tun. Jede dieser taoistischen Methoden hat ihr eigenes Muster und ihre eigene Funktion. Leider neigen viele Schüler des Taoismus dazu, die verschiedenen Traditionen miteinander zu verwechseln. Manche dachten wohl, sie brauchten nichts weiter zu tun, als einen guten Meister zu finden, der ihnen das Geheimnis enthüllen würde, und daß sie darauf- hin sofort zu Unsterblichen würden. Infolgedessen vernachlässigten sie das Studium der Grundsätze der taoistischen Methoden, und so führten diese Praktiken eher zum Unglück als zur Erreichung des Ziels der Unsterblichkeit.

Obwohl die Methode der Visualisierung zeitlich sehr weit zurückreicht, verwenden westliche Mystiker ähnliche Techniken. Die Ursprünge der westlichen Mystik reichen angeblich bis in die legendären Kulturen von Atlantis und der Ägypter zurück. Im Orient, in China also, soll die Methode des Visualisierens vor Urzeiten von Unsterblichen überliefert worden sein. Möglicherweise haben beide Methoden den gleichen Ursprung. Das Visualisieren ist offenbar zu kompliziert, um von den Schülern akzeptiert zu werden, die nach schnellen Ergebnissen gieren. Das Visualisieren (etwa von Gott, vom Geist oder vom Himmel) besitzt den dichten, ursprünglichen Geist der Religion und ist, ebenso wie die Lehren westlicher Mystiker, äußerst reich an tiefgründiger Weisheit.

Konzentration auf den *Ch'iao*-Punkt
in der taoistischen Meditation

Die einfachste und am weitesten verbreitete Methode der Schulung des Geistes ist die Konzentration auf den *Ch'iao*-Punkt. Streng genommen, stellt diese Methode die Physiologie in den Vordergrund. Menschen, die diese Methode verwenden, gehen davon aus, daß sie damit beginnen und sie als wichtigste Methode weiterführen sollen. Mit anderen Worten, sie sind der Ansicht, daß der Körper die Grundlage des Tao bildet und daß sie durch den Einsatz dieser wunderbaren Technik, die die Konzentration auf diesen *Ch'iao*-Punkt und dessen Öffnung beinhaltet, das Tao erlangen können.

Ch'iao ist eine Stelle im Körper, auf die man sich mit dem Geist konzentrieren muß. Von daher beruht diese Methode im wesentlichen auf geistige Prinzipien.

Hier tauchen einige wichtige Fragen auf: Wo liegt der eigentliche *Ch'iao*? Wer sollte sich auf den *Ch'iao* konzentrieren, und für wen ist diese Meditationstechnik weniger geeignet? Auf welchen *Ch'iao* sollten sich diejenigen, die diese Technik praktizieren wollen, konzentrieren? Und auf welchen *Ch'iao* sollte man sich lieber nicht konzentrieren? Diese Fragen bleiben oft unberücksichtigt.

Das volkstümliche chinesische Sprichwort: *Öffne einen Ch'iao, und es werden sich hundert Ch'iao öffnen* könnte uns zum Glauben verleiten, man könne das Tao erlangen, indem man einen einzigen *Chiao* öffnet. Denken wir aber an Folgendes: Es gibt neun *Ch'iao* im menschlichen Körper: zwei Augen, zwei Ohren, zwei Nasenlöcher, den Mund, den After und die Harnröhre. Die sieben *Ch'iao* am Kopf sind geöffnet. Wenn nun die sieben *Ch'iao* am Kopf geöffnet sind – so könnte man meinen –, sollten auch die Harnröhre und der After geöffnet sein. Nun leiden aber viele Menschen entweder an ernsthaften Schwierigkeiten mit dem Harntrakt oder an Verstopfung. Daraus können wir schließen, daß die *Ch'iao*, um die es in der Meditation geht, nicht, wie viele bisher annahmen, mit den *Chi'iao* des menschlichen Körpers identisch sind.

40

Die Meditationstechnik der Konzentration auf den *Ch'iao* bedeutet manchmal die Konzentration auf einen der Aku-pressurpunkte im Körper. Es ist bekannt, daß, wenn ein bestimmter Druckpunkt blockiert ist, die Energie trotzdem unbehindert durch die anderen Punkte fließen kann. Auch wenn verschiedene Punkte blockiert sind, ist der Hauptpunkt dennoch geöffnet. So ist der bereits erwähnte Spruch *Öffne einen Ch'iao, und es werden sich hundert Ch'iao öffnen* trotz-dem noch ungültig. Manche mögen behaupten, es handele sich hier um einen *Ch'iao* des Tao. Der *Ch'iao* des Tao hat angeblich weder Position noch Form noch tatsächliche Mani-festation, was bedeutet, daß er keiner wirklichen Stelle im Körper entspricht, auf die man sich konzentriert. Es handelt sich vielmehr um ein Produkt der Vorstellungskraft. Medi-tiert man über den *Ch'iao* des Tao, so verwendet man die Methode des Visualisierens.

Im Taoismus werden der obere, der mittlere und der untere *Tan Tien* im allgemeinen als die drei wichtigsten *Ch'iao* betrachtet. Die Bezeichnung *Tan Tien* fand erst in den Sung- und Ming-Dynastien allgemeine Verbreitung.

Die *Wächter*-Funktion der Konzentration

Menschen, die meditieren, ziehen es im allgemeinen vor, sich auf den unteren *Tan Tien* zu konzentrieren, und solche Aus-drücke wie *die ch'i*-Kraft zum *Tan Tien* herabsenken oder *den Tan Tien* mit bewußtem Geist bewachen oder *das shen im Tan Tien* verstecken sind sehr weit verbreitet. Manche Menschen glauben, daß sie, solange sie sich auf den *Tan Tien* konzentrie-ren, *sich vom ching* zurückziehen und das *ch'i* beibehalten oder *das ching* in *ch'i* verwandeln können. Vom Standpunkt der Akupunktur aus gesehen, liegt aber der *Ch'i Hai*-Punkt tatsächlich auf der Vorderseite und der *Ming Men*-Punkt auf der Rückseite des unteren *Tan Tien*, und diese Stelle wird als der wichtigste Bereich der Nebennieren betrachtet.

Diese Methode wirft ein großes Problem auf. Sollte sich ein Mann oder eine Frau, ob alt oder jung, gesund oder krank, mit gut entwickelten oder schwachen, funktionsgestörten Nebennieren auf den unteren *Tan Tien* konzentrieren? Wird man nicht durch einen weisen und erfahrenen Meister in diese Technik eingewiesen, so könnte sie erhebliches Leid verursachen. Menschen, die zum Beispiel von Nierenleiden oder nächtlichen Samenergüssen geplagt sind oder in übertriebenem Maße der Selbstbefriedigung frönen oder an Impotenz leiden, werden durch die Konzentration auf den unteren *Tan Tien* ihre Leiden nur noch verstärken. Es gibt natürlich Ausnahmen, aber sie sind zufallsbedingt und von anderen physiologischen Faktoren abhängig. Es wird zum Beispiel empfohlen, daß Frauen sich lieber nicht auf den unteren *Tan Tien* konzentrieren sollten, da übermäßige Regelblutung oder abnorme sexuelle oder geistige Störungen die Folge sein könnten.

Bevor man damit beginnt, sich auf die oberen *Ch'iao*, wie etwa den Punkt zwischen den Augenbrauen oder einen Punkt oberhalb des Kopfes, zu konzentrieren, sollte man Alter, Physiologie, Krankheitsgeschichte und so weiter berücksichtigen. Konzentriert man sich zu stark auf die oberen *Ch'iao*, so könnten erhöhter Blutdruck, Nervenstörungen und ähnliches daraus resultieren. Manche Menschen beobachten Gesichtsrötungen als Folge übermäßiger Konzentration auf die oberen *Ch'iao*. Ein solcher Mensch betrachtet sich selbst, und andere betrachten ihn dann auch, als Mann des Tao. Ein Mensch fortgeschrittenen Alters sollte sich aber vor möglichen Störungen im Gehirn oder im System der Blutgefäße wie etwa Blutergüsse im Gehirn oder Schlaganfällen hüten. Jemand, der eine schlummernde Geschlechtskrankheit in sich trägt, die noch nicht geheilt ist. könnte, falls er sich zu lange auf die oberen *Ch'iao* konzentriert, die Krankheitserreger zum Gehirn befördern.

Meditationstechniken sind eng verwandt mit psychologischen und physiologischen Selbstheilungsmethoden. Ist man bestrebt, Langlebigkeit zu erreichen, so spielen spirituelle und geistig-kosmische Kräfte auch eine Rolle. Werden diese allerhöchsten Prinzipien falsch verstanden oder diese Techniken falsch eingesetzt, so könnte es tragische Folgen haben. Sollte man in einem solchen Fall nicht lieber auf das Meditieren verzichten und ein natürliches Leben genießen?

Das Prinzip der Konzentration

Die Konzentration auf den *Ch'iao* zieht jedoch keineswegs immer schlimme Folgen nach sich, und die Meditation auf die *Tan Tien* sollte man ebenfalls nicht ganz von der Hand weisen. Wenngleich die Ausübung dieser Technik für bestimmte Menschen mit Ängsten verbunden sein könnte: Der *Tan Tien* hat seine eigene, spezielle Funktion, und es kann manchmal sinnvoll sein, sich in der Meditation auf diesen Punkt zu konzentrieren. Die Meditation über den *Ch'iao* ist eine Möglichkeit, die Gedanken mittels der Visualisation auf einen bestimmten Punkt zu konzentrieren, und jeder, der sich dieser Technik bedient, sollte diesen Punkt sehr genau verstehen.

Die Visualisierung hat die Funktion, den Willen und den Geist zu konzentrieren. Es wurde bereits erwähnt, daß der *Ch'iao* die Stelle ist, auf den die Meditation ausgerichtet sein soll, und daß es der Geist ist, der seine Aufmerksamkeit auf diesen Punkt richtet. Daraus läßt sich schließen, daß man mittels der Konzentration des Geistes den Zustand der Einheit des Geistes erreichen kann.

Es sprechen zwei Gründe dafür, bestimmte Stellen am Körper zur Konzentration des Geistes zu verwenden: Erstens liebt jeder Mensch seinen eigenen Körper, und jeder hat den Wunsch, ihn zu vervollkommnen. Deshalb fühlen sich Menschen zu harter geistiger Arbeit motiviert, wenn sie zu meditieren beginnen. Indem sie am eigenen Körper arbeiten, haben sie eine Möglichkeit, Langlebigkeit zu erlangen. Zweitens stellen psychologische und physiologische Funktionen zwei Aspekte einer Einheit dar. Der Geist beeinflußt den Körper, und der Körper beeinflußt den Geist. Deshalb macht sich der Taoismus diese Körper-Geist-Beziehung von vornherein zunutze. Durch die Konzentration auf den *Ch'iao* wird die Konzentration an sich entwickelt. Ein Mensch sollte versuchen, seinen ganzen Geist zu konzentrieren. Kann er sich wirklich konzentrieren, so kann auch das Ziel der Konzentration erreicht werden.

Nehmen wir zum Beispiel an, irgend jemand hätte einen großen Haufen Gold, Silber und anderer Kostbarkeiten bei Ihnen deponiert und Sie gebeten, sich darauf zu konzentrieren, das heißt ihn zu bewachen. Möglicherweise würden Sie schlafen und essen oder sogar sich selbst – Körper und Geist – vergessen, um sich ausschließlich auf das Bewachen dieses kostbaren Schatzes zu konzentrieren.

Können alle, die dabei sind, die Stille und die Kultivierung des Tao zu erlernen, sich wirklich gut auf auf den *Ch'iao* konzentrieren? Die Antwort darauf lautet: nein. Es gibt nur sehr wenige, die dazu imstande sind. Im allgemeinen können sich die meisten Menschen nur unvollständig auf diesen Punkt konzentrieren. Einerseits können nervöse Reaktionen an bestimmten Punkten Gefühle oder Empfindungen hervorrufen, während andererseits chaotische Gedanken oder Irrbilder weiterlaufen und das Zentrieren des Geistes verhindern.

Wie kommt es zu diesem Phänomen? Der Grund dafür ist eine Eigenart des Geistes: Je mehr man sich darum bemüht, ihn zu konzentrieren, um so mehr zerstreut er sich. Dies läßt sich anhand eines Beispiels aus der Physik illustrieren. Sobald die Zentripetalkraft ihre maximale Stärke erreicht, kehrt sie sich automatisch in Zentrifugalkraft um. Erreicht wiederum die Zentrifugalkraft ihren Extrempunkt, so entsteht unweigerlich Zentripetalkraft. Oder, um ein weiteres Beispiel zu nennen: Wenn man die Finger sehr fest zu einer Faust zusammenballt, dann führt die natürliche Reaktion der Nerven in den Fingern dazu, daß sie sich unwillkürlich lockern.

Aus diesem Grund vergleicht der Taoismus die Aktivität des Geistes mit Quecksilber. Quecksilber neigt dazu, sich zu zerstreuen. So ist es auch nicht einfach, die Einheit des Geistes zu erlangen, indem man die eigene Aufmerksamkeit auf den *Ch'iao* richtet.

Schafft man es nicht, den Geist zu stillen und eine konzentrierte Aufmerksamkeit zu erlangen, so ist es absolut unmöglich, die *ch'i*-Bahnen zu öffnen. Manche glauben, sie hätten die *ch'i*-Bahnen geöffnet, wenn es sich in Wirklichkeit nur um eine Illusion oder eine rein körperliche Empfindung handelt. Nur selten kann ein Mensch seine Ziele in der Meditation erreichen, indem er sich nur auf körperliche Empfindungen konzentriert.

Die Konzentration auf den *Ch'iao* und die Verfeinerung des *ch'i*

Die Konzentration auf den *Ch'iao* und die Verfeinerung des *ch'i* stellen unterschiedliche Meditationstechniken des Taoismus dar. Die Konzentration auf den *Ch'iao* geschieht über den bewußten Geist, während die Verfeinerung des *ch'i* hauptsächlich über die Verfeinerung des Atems durch den Einsatz des Willens geschieht. Ganz gleich, was für Unterschiede diese beiden Methoden aufweisen, beide arbeiten sie mit dem Geist. Ganz gleich, welche Technik der Meditation verwendet wird, *ch'i* gilt als sehr eng verknüpft mit der Stille, mit dem Tao und mit den Techniken der Langlebigkeit. Meditierende, die sich auf Yoga und *ch'i kung* spezialisieren, betonen nachdrücklich die besondere Bedeutung des *ch'i*. Im Tai Chi Chuan, einer Art Meditation in der Bewegung, die Ende der *Ch'ing*-Dynastie in China weit verbreitet war, geht es zum Beispiel darum, das *ch'i* in den *Tan Tien* herabzusenken. Viele Menschen bemühen sich bei der Meditation, ihren Atem zum *Tan Tien* hin zu lenken in der Hoffnung, daß das *ch'i* in den *Tan Tien* herabsinken möge und sie auf diese Weise zum Tao gelangen können.

Es gibt viele verschiedene Richtungen des *ch'i kung*, und der Taoismus kennt viele Techniken. Menschen, die mit diesen Methoden vertraut sind, fragen, wie sie das *ch'i* am *Tan Tien* oder anderen Stellen konzentrieren können. Wenn man aber Luft in einen Ball hineinpumpt, wie kann man nun erwarten, daß die Luft an einer bestimmten Stelle im Ball bleibt? Es geht eben nicht. Der menschliche Körper ist wie ein Ball. Das *ch'i* kreist überall. Nur bei einem ernstlich kranken Menschen, bei dem irgendeine Funktion blockiert ist, könnte die *ch'i*-Kraft ungeahnt an irgendeiner Stelle gebunden sein. Das *ch'i* eines gesunden Menschen würde sich jedoch nie in diesem Zustand befinden.

Manche Leute glauben, daß man, wenn man an der Konzentration auf den *Ch'iao* oder die Verfeinerung des *ch'i* arbeitet, durch Willenskraft das *ch'i* an einer bestimmten Stelle festhalten kann. Das ist jedoch pure Illusion. Das Gefühl, die *ch'i*-Kraft an einer bestimmten Stelle festzuhalten, ist in Wirklichkeit nur auf einen Stau in den Nerven und Blutgefäßen zurückzuführen, der als Folge intensiver Konzentration auf irgendeine Stelle des Körpers entsteht. *Ch'i* kann nicht an irgendeiner bestimmten Stelle festgehalten werden. Daraus kann man schließen, daß das Verständnis der Eigenart des echten *ch'i* zu den schwierigsten Problemen gehört, die durch die Meditationspraxis aufgeworfen werden.

Zweiter Teil

Wesen und Reaktionsweisen
des *ch'i*

Das Wesen des *ch'i*

Was ist *ch'i*? Dies ist tatsächlich eine schwierige Frage. Im Taoismus werden drei verschiedene Schriftzeichen verwendet, um den Begriff *ch'i* darzustellen. Das uralte Schriftzeichen für *ch'i* ist 炁. Der obere Teil dieses Schriftzeichens, 旡, bedeutet *kein Ding*, während der untere Teil, ⠤, *Feuer* heißt. In uralten taoistischen Sutras wird dieses Schriftzeichen, was demgemäß soviel bedeutet wie *kein Feuer*, für *ch'i* eingesetzt.

Zwischen dem Taoismus und der chinesischen Kultur des Altertums besteht eine enge Verknüpfung. Begriffe, die im Taoismus besonders häufig verwendet werden, sind die fünf Elemente, die himmlischen Stämme sowie die irdischen Äste. In der Lehre der fünf Elemente werden das Herz und auch der Geist dem Feuer zugeordnet. Wenn man sagt, daß *ch'i* kein Feuer bedeutet, so heißt das, daß das echte *ch'i* dann erzeugt wird, wenn man geistige Stille erlangt hat und von Gedanken oder Sorgen frei ist.

Das zweite Schriftzeichen, mit dem *ch'i* dargestellt wird, lautet 气. Es wird nach der alten Art geschrieben und bedeutet die Luft in der Natur.

Das dritte Schriftzeichen für *ch'i* lautet 氣. Dieses Zeichen, das einer neueren Zeit entstammt, bedeutet Luft, Atem, Gas.

Vor der Tang-Dynastie gab es einige spezielle taoistische Praktiken, die es einem ermöglichten, *ch'i* herunterzuschlukken. Durch geistige Konzentration und bestimmte Atemtechniken, hieß es, könne man einen Zustand erreichen, *der es einem ermöglicht, mit dem Geist des Himmels und der Erde zu kommunizieren.* Diese Methode zur Kultivierung des *ch'i* liefert die gleichen Ergebnisse wie die Praxis der uralten Körpertechnik des Yogas. Aus diesen Techniken entwickelten sich in einer späteren Epoche die zahlreichen Methoden des *ch'i kung.* Das Ziel der Körperübungen des *ch'i kung* ist das Erwecken der latenten Energie des echten *ch'i.* Befaßt man sich jedoch nur mit den Atemübungen, so wird man nie zu den höchsten Zielen des *ch'i kung* und des taoistischen Yogas vordringen.

Was ist aber echtes *ch'i?* Das läßt sich nur schwer beschreiben. Im Yoga wird es Geistenergie (Shakti) oder Schlangenkraft (Kundalini) genannt. In den esoterischen Lehren der Tibetaner wird es als Geistkraft oder Geistwärme bezeichnet. In unserer modernen Terminologie könnten wir es als elementare Lebenskraft oder -energie definieren. Hier bedeutet Energie, wohl gemerkt, nicht physikalische Energie, was für viele Menschen mit elektrischer Energie oder Strom gleichzusetzen ist. Das wäre ein falsches Verständnis des Begriffs, da die Wesensart der Energie letztlich nicht von der Materie abhängt. Doch eine weitere Diskussion dieses Punktes würde uns in grundlegende philosophische und wissenschaftliche Auseinandersetzungen verwickeln, die an dieser Stelle zu weit führen würden.

Aus dem oben Gesagten könnte man den Eindruck gewinnen, es gebe keinen Zusammenhang zwischen geistiger Stille und *ch'i.* Das wäre jedoch ein Trugschluß. In der chinesischen Kultur heißt der allgemeine Begriff für diese Disziplin *stilles Sitzen.* Wachstum und Entfaltung des menschlichen Körpers können mit Wachstum und Entfaltung einer Tanne verglichen werden. Der Stamm, die Äste, die Bündel nadelförmiger Blätter, die Zapfen, alle entwickeln sich aus einem gekeimten Samen heraus und entfalten sich in einer festgelegten Reihenfolge. Auch wenn eine Tanne in ihrem Wachstum gehindert (etwa durch Einpflanzen in einer kleinen, flachen Schale) oder in dekorativen Formen gezogen werden kann (wie beim Bonsai), verlaufen bei allen Tannen Wachstum und Entfaltung im wesentlichen gleich. In gleicher Weise werden die Menschen, die hart arbeiten und regelmäßig üben, beobachten können, wie die Meditation physiologische Äußerungen des *ch'i* nach sich zieht. *Ch'i*-Kraft wirkt sich bei jedem Menschen anders aus, aber meist äußert sie sich in Form von geistigen Bildern. Zwar wird jeder Mensch andere Bilder sehen, aber fast jeder ernsthaft Meditierende wird es mit dem Auftreten geistiger Bilder und Trugbilder zu tun bekommen.

Ist man mehr oder weniger vertraut mit solchen Begriffen wie den acht zusätzlichen Meridianen, dem Großen und und Kleinen Energiekreislauf (das heißt das Fließen von *ch'i* am *Jen* und *Tu Mai* entlang), K'an (☵) und Li (☲), Blei und Quecksilber, Drache und Tiger, Yin und Yang und so weiter, so werden diese vagen Begriffe die Art und Qualität der Vorstellungen beeinflußen. Die Reaktionen eines Menschen auf das Fließen von *ch'i* sind natürlich von seinen Erwartungen geprägt, die ihm bisher noch nie erlebte Empfindungen vermitteln können, welche stets seiner speziellen geistigen Verfassung entsprechen werden.

Der Zusammenhang zwischen *ch'i* und Luft

Die meisten Menschen, die sich mit der Meditation befassen, neigen dazu, *ch'i* mit der Atmung zu assoziieren. Daraus schließen sie dann, daß das *ch'i* im menschlichen Körper seinen Ursprung in der Luft habe. Aus der Sicht der Meditation sind aber die Auswirkungen der Atmung auf die Körperteile oberhalb des Zwerchfells beschränkt. Die Reaktionen des Körpers auf *ch'i* haben also nicht nur mit der Atmung zu tun.

Die Funktion der Atmung dürfte bekannt sein. Für Menschen, die *ch'i* kultivieren, erfüllt Luft eine ähnliche Funktion wie ein Stoff, mit dem man ein Feuer anzündet. Die latente, unendliche Energie des Körpers ist wie ein urtümlicher Schatz: Sie ist unzertrennlich mit dem Leben verknüpft. Wird sie jedoch nicht auf sinnvolle Weise veredelt, so wird diese latente Lebenskraft nie entfacht werden, und sie wird sich beim Tode verflüchtigen.

Die *dhyana*-Lehren des Hinayana-Buddhismus teilen die Atmung von Luft sowie die latente Energie des menschlichen Körpers in drei Kategorien ein:

1. *Wind*. Diese Kategorie umfaßt die normale Funktion des Atemsystems in Verbindung mit der Luft. Mit ande-

ren Worten: Die Menschen brauchen den Atem, um leben zu können. Diese Qualität der Luft wird als *Wind* bezeichnet.

2. *Ch'i.* Damit wird darauf hingewiesen, daß nach der Veredelung durch die Meditation der Atem an sich leicht, unbeschwert und langsam wird.

3. *Hsi.* Im fortgeschrittenen Zustand der Meditation wird der Atem so leicht, daß er fast aussetzt. In diesem Zustand hört die Einwärts-Auswärts-Bewegung des Atemvorgangs auf. Dabei hört das Atmen durch andere Körperteile jedoch nicht ganz auf. Es beginnt ein natürlicher Atemvorgang, der vom Unterleib zum unteren *Tan Tien* verläuft. Dieses Atmen heißt *Hsi.* Später nannten es die Taoisten *Tai Hsi* (das Atmen des Embryos im Mutterschoß). Manche Schulen glauben sogar, daß der Verstand oder Geist und *Hsi* miteinander verflochten sind.

Diese Prinzipien und Praktiken entwickelten sich während der Sui- und Tang-Dynastien aus der *dhyana*-Kultivierungsmethode des Hinayana-Buddhismus. Sie wurden von der Tien Tai-Sekte übernommen, in die Kultivierungsmethoden des *Chih* und *Kuan* eingebracht und blieben -- trotz einiger Veränderungen -- weiterhin beliebt. Wenngleich die Methoden der taoistischen Praxis auch vor den Sui- und Tang-Dynastien ebenfalls großen Wert auf die Kultivierung von *ch'i* legten, gab es zu jener Zeit noch keine Theorien hinsichtlich einer Verflechtung zwischen *Tai Hsi*, Geist und *Hsi.* Manche pseudo-taoistischen Sutras, die als Sutras der Wei- und Chin-Dynastien gelten, erwähnen diese Theorien gelegentlich. Diese Sutras sind jedoch irreführend und dürfen keinesfalls als zuverlässige Quellen betrachtet werden.

Reaktionsweisen des *ch'i* während der Meditation

Wir wollen uns nun der Beziehung zwischen der Meditation und *ch'i* und deren jeweiligen Funktionen zuwenden. Als erstes sollte man sich darüber im klaren sein, daß das Nachfolgende sich auf sexuell reife Erwachsene bezieht und keine Gültigkeit hat für unreife Kinder, für junge Mädchen, deren Monatsblutung noch nicht eingesetzt hat, oder für junge Knaben, die noch keinen Samenfluß kennen.

Die körperlichen Reaktionen, die während der Meditation vorkommen können, werden im folgenden als erste Reaktion, zweite Reaktion, dritte Reaktion und so weiter klassifiziert. Das heißt nicht unbedingt, daß die Reaktionen stets in dieser Reihenfolge eintreten müssen. Manchmal erfolgen sie in dieser Sequenz, und manchmal nicht. Es kommt auf die eigene geistige und körperliche Verfassung an.

Taubes Gefühl oder Anschwellen der Beine

Die erste Reaktion, die man zu Beginn der Meditationspraxis beobachten kann, ist die Unfähigkeit, den Geist zu stillen; gleichzeitig kann man aufgrund rein physiologischer Reaktionen merkwürdige Dinge im Körper spüren. Die Auswirkungen der Meditation auf den Geist werden in diesem Buch aber wohl gemerkt nicht behandelt, da die Diskussion sich auf rein physiologische Reaktionen beschränkt.

Laut Statistiken erleben achtzig bis neunzig Prozent der Anfänger ein taubes Gefühl oder ein Anschwellen der Beine. Dadurch können Schmerzen entstehen und unter Umständen sogar der Geist eine Beunruhigung erfahren. Vom gesunden Menschenverstand geleitet, gehen die meisten Menschen davon aus, daß solche Reaktionen auf einen erhöhten Druck in den Blutgefäßen der Beine zurückzuführen und deshalb nicht wünschenswert sind.

Aus der Sicht der empirischen Beobachtung und der Meditationstheorie werden diese Phänomene jedoch nicht ausschließlich durch den Überdruck in den Blutgefäßen verursacht. In Wirklichkeit sind sie auf die Reaktionen und das Fließen des *ch'i* zurückzuführen. Kann das *ch'i* zwischen den Blutgefäßen, Muskeln und Sehnen nicht frei fließen, so kann man manchmal ein taubes Gefühl oder Schmerzen oder Schwellungen in den Beinen beobachten. Diese körperlichen Empfindungen weisen darauf hin, daß in den *ch'i*-Bahnen *Yin Ch'iao* und *Yang Ch'iao* Blockaden vorhanden sind. Wenn dieses Gefühl nicht länger zu ertragen ist, kann man die Beine lösen. Nach einer Weile wird man neue, unbekannte, angenehme Empfindungen in den Beinen wahrnehmen. Wenn man in der Meditationspraxis bei einem bestimmten Stadium angelangt ist, wird man diese neuen und wunderbar euphorischen Gefühle immer haben, ob man die Beine gekreuzt hat oder nicht. In diesem Stadium wird man die Beine während der Meditation sehr lange gekreuzt halten können, ohne dabei durch irgendwelche Blockaden geplagt zu werden. Dieses angenehme Gefühl der Euphorie oder Ekstase wird mit der Zeit immer stärker.

Stärkung der Funktionen der Geschlechtsorgane

Hier gilt es, sehr deutlich zwischen 1. Nierenfunktionen und 2. Funktionen der Geschlechtsorgane zu unterscheiden. Beim Erwachsenen setzt die zweite körperliche Reaktion auf die Meditation normalerweise im Nierenbecken (wozu auch die Lenden- und die Taillengegend gehören) ein; nach einer gewissen Zeit des Übens werden auch die Geschlechts- oder Fortpflanzungsorgane ansprechen. Bei jungen Männern setzt die Reaktion direkt im Geschlechtsorgan ein.

Beim Mann läuft die Reaktion im Nierenbecken so ab, daß er während oder nach der Meditation ein Gefühl des Geschwollen- oder Vollseins, Schmerzen, Taubheit und so weiter in der Gegend der Taille und am Rücken spürt. Bei Männern, die an Potenzstörungen, vorzeitigem Samenerguß oder nächtlichem Samenlassen (eventuell durch Probleme mit den Nieren verursacht) leiden, werden diese Störungen durch die Meditation möglicherweise noch verstärkt. Manche werden sogar beobachten, daß sie beim Stuhlgang, beim Wasserlassen oder beim Meditieren Samen verlieren. Solche Störungen deuten auf eine Schwäche des Nierensystems oder Probleme mit den Nebennieren, den Geschlechtsorganen oder der Hirnanhangdrüse oder aber auf eine allgemeine Nervenschwäche hin. Frauen, die Probleme mit den Nieren haben, werden manchmal verstärkten Vaginalausfluß beobachten.

Solche unangenehmen Reaktionen werden nicht durch die Meditation *verursacht*. Sie sind vielmehr auf alte, nicht vollständig ausgeheilte Krankheiten zurückzuführen. Die Nerven und die *ch'i*-Bahnen in der Gegend der Nieren und der Taille bilden Hindernisse für das *ch'i*, das während der Meditation erzeugt wird und sodann arbeiten muß, um diese Bereiche zu öffnen und zu durchströmen. Sofern man dieses Prinzip wirklich begreift und durch einen guten Meister über sinnvolle Gegenmittel aufgeklärt wird, kann man alle diese Probleme meistern und im Laufe der Zeit seine Gesundheit restlos wiederherstellen. Hat man keine Möglichkeit der Unterweisung durch einen guten Meister, dann sollte man solange mit dem Meditieren aufhören, bis die Gesundheit wiederhergestellt ist, und sie dann wieder aufnehmen. Falls die Störungen wieder einsetzen, hört man mit dem Meditieren erneut auf. Durch die ständige Wiederholung dieses Vorgangs kann man die eigene Gesundheit wieder aufbauen, auch wenn die Meditationspraxis notgedrungen zeitweilig unterbrochen wird.

An dieser Stelle können keine Gegenmittel empfohlen werden, weil es dabei stets auf das Individuum und dessen spezielle Probleme ankommt. Gegenmittel müssen zwangsläufig von der medizinischen Theorie ausgehen und beinhalten Körperübungen, die zu kompliziert sind, als daß man sie an dieser Stelle beschreiben könnte. Der wichtigste Punkt, auf den man achten sollte, ist aber der, daß man sich jeder sexuellen Betätigung enthalten sollte, um diese Probleme in den Griff zu bekommen. Könnte man sein sexuelles Verlangen restlos beseitigen, so wäre das bereits für sich genommen ein ausgezeichnetes Gegenmittel. Unter solchen Voraussetzungen kann man die eigene Gesundheit oft schneller wiederherstellen. Je nach Geschlecht, Alter und körperlicher Verfassung treten aber während der Genesung ganz unterschiedliche Reaktionen auf, die oft sehr komplex sind.

Häufig äußert sich die Reaktion in den Geschlechts- oder Fortpflanzungsorganen so, daß das männliche Glied während oder nach der Meditation plötzlich erigiert wird und lange so bleibt; gleichzeitig kann man in den kleinen Kapillargefäßen um die Hoden herum ein *hüpfendes* Gefühl sowie ein Vibrieren in der Prostata und im Damm feststellen. Frauen beobachten manchmal Zuckungen oder Kontraktionen der Gebärmutter und ein Anschwellen der Brüste. Manche Schulen des Taoismus deuten dies als die Rückkehr der Yang-Energie. So könnte man die eigene Geisteskraft darauf verwenden, ein paar Atemübungen durchzuführen, um das Kreisen der Yang-Energie zu lenken.

Sofern man die körperlichen Auswirkungen der Meditation nicht mit sexuellen Phantasien oder lustvollem Verlangen verbindet, lassen solche sexuellen Äußerungen auf eine sehr gute körperliche Verfassung schließen. Sie bedeuten, daß die Hirnanhangdrüse, die Nebennieren und die Geschlechtsorgane an Vitalität dazugewonnen haben und zur körperlichen Gesundheit etwas beisteuern.

Unabhängig vom Geschlecht und vom Alter werden aufgrund dieses Phänomens bei fast jedem Menschen sexuelle Impulse ausgelöst. Diese sexuellen Impulse können dann Lethargie oder Spannungsgefühle im Kopf, ein unangenehmes Gefühl in der Brust und auch andere Symptome nach sich ziehen. Hat man beim Auftreten dieser Reaktionen dennoch Geschlechtsverkehr, so wird man nicht nur sämtlichen Nutzen aus der vorhergehenden Meditation vereiteln, sondern man kann unter Umständen infolge der vermehrten Vitalität Schaden anrichten. Sofern man keinen sexuellen Phantasien frönt und keinen Geschlechtsverkehr praktiziert, gilt allgemein das, was Laotse über Säuglinge einmal sagte: *Keinen Geschlechtsverkehr zwischen Mann und Frau kennen und trotzdem eine Erektion haben, das ist das Erwachen des ching.* Dadurch wird die schlummernde Lebenskraft erweckt und die Entwicklung von *ch'i* angeregt. Normalerweise erreicht fast jeder Meditierende dieses Stadium, hat aber dann Schwierigkeiten, darüber hinaus zu gelangen. Weiß man hierfür kein Gegenmittel, dann kommt es unweigerlich zu Störungen oder Krankheiten, auch wenn man die eigenen Impulse lange unterdrücken kann.*

Vor etwa dreißig Jahren erzählte mir ein Freund im mittleren Alter, daß er die Gewohnheit hatte, abends mit seiner Frau zu meditieren. Immer dann, wenn das Phänomen der sexuellen Erregung als Folge der Meditation eintrat, fand er seine Frau viel attraktiver als unter normalen Umständen. Daher beschloß er, sich dem Geschlechtsverkehr hinzugeben, anstatt die Belohnungen der sexuellen Enthaltsamkeit zu suchen. Ein anderer Mann, um die sechzig, der in der Einsamkeit der Berge meditierte, probierte viele Mittel aus, um seinen sexuellen Regungen Linderung zu verschaffen, darunter auch Bäder im kalten Wasser. Die von ihm gewählten Mittel zeigten sich als unwirksam, und deshalb gab er die Meditation auf zugunsten der Erleichterung, die ihm der Verkehr mit seiner Frau verschaffen konnte. Diese beiden Fälle zeigen deutlich, wie das sexuelle Verlangen durch die Meditation verstärkt werden kann, und sie haben mich dazu bewogen, nach irgendeiner Lösung zu diesem häufig auftretenden Problem zu suchen.

Das Mittel gegen solche Reaktionen der Geschlechtsorgane auf die Meditation ist sehr kompliziert. Für diejenigen, die bereit sind, ihre Zeit und Energie auf die Meditation zu konzentrieren, ist die einfachste und wirksamste Methode, diese Probleme in den Griff zu bekommen, weniger Nahrung zu sich zu nehmen. Auch ein kurzes Fasten kann hilfreich sein. Eines der Gebote des Buddhismus lautet, nach der Mit-

---

* Der Schaden ist vergleichbar mit dem, der entsteht, wenn man während des Geschlechtsverkehrs den Samenerguß vermeidet. Die Fähigkeit, lange meditieren zu können, ohne dabei irgendwelche Reaktionen in den Geschlechtsorganen zu beobachten, weist darauf hin, daß die Lebenskraft eines Menschen nahezu ausgelöscht ist. Nach einer Weile wird der Geist eines solchen Menschen ein stehendes Gewässer, und der Körper verwelkt.

tagszeit nichts mehr zu essen. Dieses Gebot ist nicht einfach Produkt einer strengen Vorschriftenordnung. Ein chinesisches Sprichwort sagt: *Ist man warm und voll Essen, denkt man an Geschlechtsverkehr; ist man kalt und hungrig, denkt man ans Stehlen.* Es ist aber keineswegs einfach, zu fasten oder weniger zu essen.*

---

* Anmerkung des Herausgebers der amerikanischen Ausgabe: Da westliche Leser sich sonst beunruhigen könnten wegen der möglichen Implikationen der Bemerkungen des Autors zum Thema Sexualität, scheint es an dieser Stelle angebracht, seine Ausführungen etwas zu kommentieren.
Der Autor ist nicht gegen jede sexuelle Betätigung und glaubt nicht, daß sexuelle Praktiken mit der Kultivierung des Tao unvereinbar seien. Tantra ist zum Beispiel eine Kultivierungsmethode, bei der die sexuelle Vereinigung im Mittelpunkt steht. Worum es hier in erster Linie geht, ist, daß die Vitalkraft eines Menschen durch die Meditation stark vermehrt wird. Da außerdem die Vitalkraft sehr eng mit der Sexualenergie zusammenhängt (wenn sie nicht sogar ein und dasselbe sind), wird die größere Vitalität das sexuelle Verlangen und die sexuellen Wünsche eines Menschen entsprechend verstärken. Deshalb gehen sexuelle Impulse, die durch das Meditieren erweckt werden, über das *normale* Maß hinaus. Erreicht ein Mensch bei seiner Meditationspraxis diesen Punkt, so hat er folgende Wahl: Er kann die angesammelte Energie freisetzen, indem er sich sexuell betätigt (und da seine Impulse und Wünsche ungewöhnlich stark sein werden, wird er zum übermäßigen Genuß neigen und dadurch die Energie zerstreuen, die er so mühsam angesammelt hat); oder er kann sich dieser Energie bedienen, um zu einer höheren Stufe in der Meditation zu gelangen. Diese Entscheidung bleibt ausschließlich dem Meditierenden überlassen. Aber da Professor Nan in erster Linie an der Meditationspraxis interessiert ist, würde er, wenn man ihn fragen würde, wahrscheinlich empfehlen, daß der Schüler diese Energie einsetzen sollte, um Fortschritte in der Meditation zu erzielen.
Westlichen Schülern ist die Vorstellung, daß sexuelle Energie in spirituelle Energie umgewandelt werden kann, nicht fremd: Aus eben diesem Grund verschreiben sich Nonnen, Mönche, Priester und andere religiöse Führer dem Gebot sexueller Enthaltsamkeit. Westliche Schüler kennen ebenfalls die Freudsche Theorie, derzufolge sublimierte sexuelle Energie in schöpferische Energie umgewandelt und zur Entfaltung der eigenen Arbeit verwendet werden kann.
Wir wissen von spirituellen und schöpferischen Fortschritten, die offensichtlich als Folge der Sublimierung sexueller Energie erzielt wurden. Analog hierzu legt der Autor nahe, daß die sexuelle Energie eine Form von Vitalkraft ist, die dem Meditierenden zu einer höheren Stufe verhelfen kann, sofern man sich während bestimmter Stadien der Meditation der sexuellen Betätigung enthält.

Reaktionen im Rücken- und Schulterbereich

Beim Meditieren oder auch zu jeder anderen Zeit kann man manchmal ein Spannungsgefühl oder Schmerzen im Rükken- oder Schulterbereich beobachten oder Verspannungen der Nerven in dieser Gegend feststellen. Das ist die dritte Reaktion des Körpers auf die Meditation, und dafür gibt es im wesentlichen zwei Ursachen: Entweder steigt das *ch'i* durch *Tu Mai* oder das sogenannte Lenker-Gefäß, das heißt durch das zentrale Nervensystem in die Wirbelsäule hoch, oder es handelt sich um eine Reaktion auf eine Krankheit.

1. Reaktion auf Krankheit: Dies bezieht sich auf Menschen, die an Schwäche oder Krankheit leiden oder fortgeschrittenen Alters sind. Zu den betreffenden Krankheiten gehören Lungenbeschwerden, Magen- und Leberverstimmungen, Herzkrankheit und verschiedene andere latente Zustände. Leidet ein Mensch an einer dieser Krankheiten, so wird er in einem bestimmten Stadium der Meditationspraxis Schmerzen und ein Gefühl der Schwere oder starken Druck im Rücken sowie Schlaffheit und Kraftlosigkeit oder Schmerzen in der Taille spüren. Außerdem können Krämpfe oder krampfartige Zuckungen am Rücken, Verspannungen in den Schultern oder andere Schmerzen auftreten, die Schwitzen, Kälteschauer oder Fieber hervorrufen können.

Falls diese Reaktionen eintreten, sollte man sich darüber im klaren sein, daß die Ursache dieser Probleme nicht die Meditation selbst ist. Schließlich stellt die Stille während der Meditation auch eine Art der Ruhe dar, und niemand wird krank, nur weil er sich ein bißchen ausruht. Man sollte vielmehr froh sein, diese Rückmeldung zu haben, denn ohne die eigene Gesundheit auf diese Weise durch die Meditation auf die Probe gestellt zu haben, hätte man vielleicht nicht erkannt, daß man irgendeine Krankheit in sich trägt. Der Schmerz, den man leidet, ist ein Hinweis auf die selbstheilende Wirkung der verstärkten Lebenskraft und bedeutet, daß die Krankheit noch geheilt werden kann und nicht soweit fortgeschritten ist, daß sie keiner Hilfe zugänglich wäre. Bei einer tiefen Schnittwunde spürt ein Mensch zum Beispiel zunächst einmal keine Schmerzen; sobald die Wunde aber anfängt zu heilen, setzt der Schmerz ein. Oder wenn ein Mensch sich erkältet, sind die Erkältungsbakterien noch latent; es sind noch keine Symptome zu beobachten. Sind die Symptome der Erkältung aber erst einmal in Erscheinung getreten, dann klingt die Erkältung eigentlich bereits ab

Falls solche Phänomene im Verlauf der Meditationspraxis auftreten, dann sollte man neben der Heilung, die die Meditation mit sich bringt, sich auch einer medizinischen Behandlung unterziehen. Solange man den Willen besitzt, diese Krisen durchzustehen, können sie den Weg zu einer besseren Gesundheit bereiten.

2. Auswirkungen von *ch'i*: Sofern man sich einer einigermaßen normalen Gesundheit erfreut, wird man nach der oben erwähnten ersten und zweiten Reaktion naturgemäß in das Stadium der Wahrnehmung einer Anschwellung im Rücken- und Schulterbereich eintreten. Man kann auch ein Gefühl haben, als würde eine starke Kraft sich mühsam an der Wirbelsäule entlang bewegen, die aber daran gehindert wird, sich nach oben zu drücken. Man wird möglicherweise auch hoffen, daß diese Kräfte das Hindernis bald überwinden, damit man sich endlich entspannen und wohlfühlen kann. Im Taoismus wird dieses Phänomen der *Flußwagen* genannt, der zur Stelle des *Chia Chih dahinrollt*. Dies geschieht während des Vorgangs der Öffnung von *Tu Mai*. Das ist das Stadium, in dem das *ch'i* beginnt, den Huang Yang-Punkt zu erreichen.

Kann man seinen Geist nicht frei schweben lassen und einen Zustand erreichen, in dem der Körper vergessen ist, dann wird der Druck immer stärker werden. Wenn diese Reaktion eintritt, wird sich die Aufmerksamkeit des Meditierenden automatisch auf den Rücken lenken, und er wird unter Umständen versuchen, die Kraft seines Bewußtseins oder seiner Vorstellung einzusetzen, um den Druck nach oben zu verlagern. Aufgrund der Konzentrierung der Aufmerksamkeit auf diese Stelle werden sich die Nerven im Gehirn und im Magen immer stärker anspannen. Das Herz wird sich zusammenziehen, und die unangenehme Spannung im Rücken wird sich verstärken.

Manche Schulen des Taoismus lehren, wie man das *ch'i* über das Bewußtsein lenken, das heißt es durch solche Barrieren *hindurchschieben* oder *hindurchtreiben* kann. Dabei sollen die Schüler sich den Verlauf des *Flußwagens* vorstellen und tiefe, lange, aber kleine Atemzüge machen (6 x 6, das heißt 36 tiefe Atemzüge, oder 9 x 9, das heißt 81 tiefe Atemzüge), die numerisch dem Großen und dem Kleinen Himmelskreislauf entsprechen. Oder sie werden angewiesen, verschiedene Tao- oder Yoga-Übungen durchzuführen, um das Fließen des *ch'i* durch diese Stelle hindurch zu lenken.

Auch wenn diese Übungen zur Lenkung des *ch'i* nur eine vorübergehende Wirkung haben und ein Gefühl vermitteln, als würde irgend etwas durch den *Chia Chih* verlaufen und in den *Yu Chen* (das heißt den Hinterkopf) eindringen, so ist diese körperliche Empfindung lediglich auf die Vorstellungskraft zurückzuführen: Was hier durch den *Chia Chih* strömt, ist also keineswegs das echte *ch'i*.

Falls man den Zustand erreichen kann, in dem man den eigenen Körper *vergißt*, oder die eigene Weisheit so einsetzt, daß man die eigenen Gefühle vergißt und ohne jede geistige Regung still hält, dann wird es einen Augenblick geben, in dem plötzlich, als würde über einen Schalter eine Verbindung hergestellt, jede Anspannung verschwindet und Geist und Körper locker und entspannt sind. Ab diesem Wendepunkt wird man den Zustand der Weite, der geistigen Klarheit und der spirituellen Fülle erfahren. Ein Mensch, dessen Rücken in diesem Stadium gebückt ist, wird ganz von allein Taille und Rücken aufrichten und seine Brust weiten, und seine Atmung wird gleichmäßiger werden. Für Menschen mit fortgeschrittener seitlicher Rückgratverkrümmung, ob angeboren oder als Folge einer äußerlichen Wunde, ist dieses Stadium mit Schwierigkeiten verbunden.[*]

In diesem Stadium wird der Meditierende dermaßen mit Energie aufgeladen sein, daß er Schwierigkeiten beim Ein-

---

[*] Es können an dieser Stelle keine Ratschläge hinsichtlich einer eventuellen Behandlung solcher Zustände erteilt werden, da dies eine Diskussion von Material erfordern würde, das den Rahmen dieses Buches sprengen würde.

schlafen haben wird. Wenn er gewohnt ist, zu einer bestimmten Uhrzeit ins Bett zu gehen, könnte er annehmen, er leide
an Schlaflosigkeit, und sich deswegen Sorgen machen. Er
sollte verstehen, daß es sich hier nicht um eine normale
Schlaflosigkeit handelt. In dieser Situation sollte man der
Natur ihren freien Lauf lassen: Wenn man nicht einschlafen
kann, dann sollte man einfach noch nicht ins Bett gehen.

Auswirkungen im Kopf

Die vierte Reaktion findet im Kopf statt und ist komplizierter
als die Reaktionen in anderen Körperteilen. In der traditionellen chinesischen Heilkunst wird der Kopf der *Herr der Yang-
Kräfte* genannt. Seine Funktionen sind also äußerst wichtig.
Aus der Sicht des Taoismus umfaßt der Kopf den *Yu Chen* am
Hinterkopf und den *Ni Huang*-Palast am Scheitelpunkt des
Kopfes; beide sind äußerst wichtig. Aus der Perspektive der
modernen Medizin ist der Kopf mit den Nerven des Kleinhirns, des Großhirns, des Zwischenhirns und der Hirnanhangdrüse verbunden. Diese Verbindungen sind sehr komplex. Der Kopf ist also direkt mit den Nervenzellen der
Organe der (fünf) Sinne verbunden. Aus diesem Grund kön-
nen mehrere ernsthafte Probleme auftreten, wenn man dieses Stadium erreicht. Man könnte zum Beispiel von Halluzinationen heimgesucht werden.
   Zum Zweck der Diskussion wird der Kopf in folgende
Bereiche aufgeteilt: 1) Hinterkopf, 2) Vorderkopf und 3)
Kopfmitte.
   Die Reaktionen am Hinterkopf: Manche Menschen verfallen in einen ruhigen Geisteszustand; sie betrachten die
einsame Stille des Geistes als die einzige Auswirkung der
Meditation. Für solche Menschen ist jede weiterführende
Diskussion ausgeschlossen. *Körperliche Reaktionen sind eine
notwendige Begleiterscheinung der Meditation.* Nach den Sta-
dien, in denen das *ch'i* durch die Geschlechtsorgane, die
Taille und den Rücken strömt, gelangt das *ch'i* naturgemäß an
den Hinterkopf. Die Reaktion, die am häufigsten festzustel-

len ist, wenn das *ch'i* diesen Punkt erreicht, ist die, daß man sich geistig nicht ganz klar oder wach fühlt, sondern in eine Art Lethargie verfällt oder sogar zeitweilig döst, ohne zu schlafen. Bei Buddhisten, die *dhyana* oder *Chih* und *Kuan* praktizieren, gilt dieses Phänomen als eines der Hindernisse, die der Kultivierung des Tao im Wege stehen, da man den Grundsätzen des *Chih* und des *Kuan* zufolge den Geist stets hell und wach halten sollte.

Manche Schulen des Taoismus verstehen dieses Phänomen falsch und halten es für den Zustand von *Hung Tung* – das Lodern der Lebenskraft in ihrem Urzustand. Oder sie verwechseln es mit *Tso Wang*, dem Sitzen im Geisteszustand der Selbstvergessenheit, in dem man jedes Bewußtsein für sich selbst und alles andere verliert. Der Zustand, von dem an dieser Stelle die Rede ist, ist jedoch in Wirklichkeit weder *Hung Tung* noch *Tso Wang*, auch wenn er mit ihnen eine gewisse Ähnlichkeit aufweist.

Da die Taoisten die Kultivierung des Körpers betonen, nehmen sie die körperliche Lebensenergie als Ausgangspunkt und betrachten diesen Zustand der Lethargie daher als ein sehr positives Phänomen.

Der Buddhist hingegen beginnt seine geistige Kultivierung mit der Arbeit am Geist und ist bestrebt, sich von *satkayadrsti* zu befreien, das heißt von der Illusion, daß Körper und Geist wirklich seien, und hofft, direkt zu seinem ursprünglichen Wesen zurückzugelangen. Deshalb betrachten Buddhisten sowohl Dösen als auch unkontrolliertes Denken als Behinderung der hellen und klaren Offenbarung ihres ursprünglichen Wesens. Sie sehen diese Reaktionen als Hindernisse, die sie von ihrem Ziel fernhalten. Solange man sich über diese Grundsätze im klaren ist, muß man nicht darüber entscheiden, ob sie nun richtig oder falsch sind.

Der grundlegende Unterschied zwischen dem Buddhismus und dem Taoismus betrifft den jeweiligen Ausgangspunkt und das Endziel, die voneinander abweichen. Um die Auswirkungen der Beziehung zwischen Geist und Körper kommt man nicht herum. Auch wenn man beim Eintreten in den Zustand der Stille den Körper nicht betont, kann die Aktivität im Körper nicht ignoriert werden. Man ist auf den Körper angewiesen, wenn man die Fesseln seiner Knechtschaft abwerfen will. Deshalb wurde von den Taoisten der Sung- und der Yuan-Dynastien die Theorie der *Verwendung des falschen Körpers zur Kultivierung des echten Körpers* verfochten.

Wenn das *ch'i* in den Hinterkopf aufsteigt, fühlt man sich lethargisch. Jemand, der nicht über ausreichende körperliche Kraft verfügt oder körperlich und geistig matt ist, könnte einschlafen oder nicht imstande sein, die Meditationsstellung einzuhalten. Dies könnte auf mangelhafte Sauerstoffzufuhr zum Gehirn zurückzuführen sein. Eine natürliche Begleiterscheinung der Müdigkeit beziehungsweise Schläfrigkeit ist das Gähnen. Sofern man über genügend körperliche Kraft verfügt, kann man beim Aufsteigen des *ch'i* in den Hinterkopf unter Umständen im Halbschlaf dunkle Flecken vor den Augen sehen. Nach und nach stellt sich eine Art Traumzustand ein, und mit der Zeit tauchen auch Bilder auf. Das liegt daran, daß das *ch'i* die Nerven im Hinterkopfbereich beeinflußt, die sich wiederum auf die Augennerven auswirken. Viele Menschen sehen Traumbilder, begleitet von Gefühlen der Liebe, Freude oder Trauer und Angst. Diese Gefühle und Bilder entsprechen unbewußten Regungen, aus denen die Geisteszustände, Gedanken und Vorstellungen eines Menschen hervorgehen. In diesem Stadium können sich Zustände von *Mara* oder dämonischer Täuschung einstellen. Solche Zustände hängen von der Weisheit, den Gedanken, der Persönlichkeit, den psychischen Neigungen und dem körperlichen Zustand eines Menschen ab. Sie sind äußerst komplex. Ohne die Führung eines sehr erfahrenen Meisters und ohne gesundes Selbstvertrauen, wache Intelligenz und rechte Denkweise kann ein Mensch leicht in die Irre geführt werden.

Wird dies vom Meditierenden richtig begriffen, so kann er solche Phänomene ignorieren im Wissen, daß auf die Dunkelheit das Licht folgt. Nachdem man dieses Stadium überwunden hat, fühlt man sich etwas wacher. Lichtpunkte, glitzernden Sternen gleich, können in verschiedenen Farben und Formen vor dem inneren Auge aufblitzen. Diese Phänomene haben mit der Körperphysiologie zu tun und werden später ausführlicher erörtert.

Sofern man gesundheitlich geschwächt ist oder an einer latenten Krankheit im Gehirn oder an Störungen eines der Sinnesorgane oder der Verdauung, einer Reizung des Darmtraktes, sonstigen Darm- oder Magenstörungen oder an irgendeiner anderen Krankheit leidet, könnte dieser Meditationszustand eine Rötung der Hornhaut oder ein Dröhnen oder Gefühl von Druck in den Ohren mit sich bringen. Menschen mit Zahnproblemen könnten Schmerzen oder ein Zittern in den Zähnen beobachten. Schlummernde Erkältungen oder andere Krankheiten wie etwa eine Entzündung der Lymphknoten oder Schmerzen in irgendeinem Bereich des Kopfes könnten zum Ausbruch kommen. Es sollte aber jedem, der meditiert, klar sein, daß solche schlummernden Krankheiten durch die Meditation zwar zum Ausbruch kommen können, aber keinesfalls durch sie verursacht werden. *Mit anderen Worten: Die Meditation erhöht die innere Vitalität und setzt die Heilung des Körpers in Gang.* Durch eine konsequente Meditationspraxis, gekoppelt mit der notwendigen medizinischen Behandlung, kann man die eigene Gesundheit wiederherstellen. Deshalb ist man seit Urzeiten der Ansicht, daß ein Mensch, der das Tao kultiviert, auch etwas von der Medizin verstehen sollte.

Reaktionen im Hinterkopf

Ist das *ch'i* erst einmal in den Hinterkopf aufgestiegen, so hat man in der Meditation bereits große Fortschritte gemacht, über die man sich freuen darf. Das ist die fünfte körperliche Reaktion. Hier handelt es sich um ein kompliziertes Stadium, das oft durch große Schwierigkeiten gekennzeichnet ist. Während dieses Stadiums sollte man große Wachsamkeit und ein gutes Urteilsvermögen zeigen. Es kann auch hilfreich sein, sich mit unterstützenden Maßnahmen aus den Theorien der Meditation und der Kultivierung des Taos, wie zum Beispiel die *ch'i*-Bahn-Akupunktur oder die Therapie mit Heilkräutern, auseinanderzusetzen. Dennoch ist dieses Stadium ein freudiges, weil man anschließend zur Öffnung der *ch'i*-Bahn des zentralen Nervensystems und des Großhirns schreiten kann.

In diesem Stadium besteht aber die Gefahr, daß Menschen mit geschwächter Gesundheit, Herzleiden oder geistigen Krankheiten dazu neigen können, den falschen Weg einzuschlagen. Ein Mensch in den mittleren Jahren oder fortgeschrittenen Alters könnte unangenehme Symptome an sich feststellen, die mit denen des Bluthochdrucks vergleichbar sind. Es ist jedoch absolut ausgeschlossen, daß der Bluthochdruck durch dieses Stadium verursacht wird. Versucht ein Mensch, sich auf den oberen *Tan Tien* zu konzentrieren, so wird sein Gesicht rot, ebenfalls ein Symptom von erhöhtem Blutdruck. In China glauben viele Menschen, daß Röte im Gesicht eine Auswirkung der Kultivierung des Tao ist; dem sollte man aber keinen Glauben schenken.

Sobald das *ch'i* den Hinterkopf erreicht, kann der Meditierende unter Umständen wunderschöne innere Klänge vernehmen oder ein dröhnendes Gefühl oder Druck in den Ohren spüren. Dieses Phänomen ist auf das *ch'i* zurückzuführen, das bestrebt ist, die *ch'i*-Bahn im Kopf zu öffnen. Das Vibrieren beziehungsweise Zittern des *ch'i* löst einige Aktivität der Hirnwellen aus. Sofern die Intelligenz des Meditierenden nicht hell oder wach genug ist, werden Illusionen in den Tiefen des Unterbewußtseins die Folge sein.

Ein Mensch mit tiefem religiösem Glauben mag der Täuschung erliegen, die Stimme von Gott oder des Buddha zu hören. Oft wird die Stimme von der Vergangenheit oder der Zukunft sprechen, und diese a priori-Information kann sehr richtig sein, zumindest in kleinen Dingen. So kann man sich selbst die Fähigkeit zuschreiben, die Zukunft zu prophezeien. In Wirklichkeit stellt das Gehörte jedoch lediglich ein großes Zusammentragen bisheriger Erfahrungen, ein Durcheinandermischen von bereits Gesehenem, Gehörtem, Gedachtem und Gewußtem dar. Diese Art von Zukunftsprophezeiung könnte unter Umständen zur Vorhersage unbedeutender Ereignisse herhalten, aber zur Prophezeiung großer Ereignisse taugt sie überhaupt nicht. Hält man an der Vorstellung fest, daß diese Stimmen oder Bilder echt seien, so verfällt man in den Zustand des Mara* oder der Illusion. Dies zeigt, daß der Geist für äußere Eindrücke empfänglich ist, aber es läßt nicht auf echte hellseherische Gaben schließen. Der Meditierende sollte sich nur nicht durch diese Reaktion verwirren oder beirren lassen. Statt dessen sollte er hin und wieder seinen Speichel herunterschlucken und die Gefühle im Kopf loslassen. Das erfordert einen starken Geist und einen hartnäckigen Willen. Indem man das *ch'i* nach unten lenkt, wird man dieses Stadium überwinden und zum nächsten vordringen.

Im Idealfall sollte man das innere *Kung Fu* des Taoisten einsetzen, die speziellen Körperübungen und Stellungen des Yoga und des esoterischen Buddhismus praktizieren und sich bei Bedarf der medizinischen Behandlung unterziehen.

Während der verschiedenen Stadien der Meditationspraxis wird sich die Aufmerksamkeit des Schülers beim Auftreten der verschiedenen Verwandlungen der *ch'i*-Kraft oft auf die eigenen Gefühle richten. Erreicht das *ch'i* das Gehirn, so wird die Aufmerksamkeit für die eigenen Gefühle besonders stark. Dies kann ein Zusammenziehen im unteren Bauch, eine Kontraktion des Zwerchfells nach oben oder Appetitlosigkeit und vorübergehende Verstopfung mit sich bringen. Zur Behandlung dieser Symptome darf man sich hin und wieder ruhig eines Entzündungshemmers oder eines Abführmittels bedienen. Besser ist es aber, wenn man über einige medizinische Kenntnisse und Erfahrungen verfügt, ob sie nun aus der chinesischen oder aus der westlichen Medizin stammen.

In der chinesischen Medizin besteht zwischen Lungen und Dickdarm ein enger Zusammenhang. Herz, Dünndarm und Blase sollen ebenfalls eng miteinander verknüpft sein. Manchmal kann man durch Atemübungen das *ch'i* in den Lungen beruhigen und der Verstopfung auf diese Weise beikommen. Eine allzu große Spannung in der Herzgegend

---

* Anm. d. dt. Übers.: Im Buddhismus der Name eines Dämons, der erfolglos versucht hat, den meditierenden Buddha vom Weg abzubringen.

kann sich auf die Blase auswirken; dies kann zu Abnormalitäten beim Wasserlassen wie etwa Inkontinenz in extremen Angstzuständen führen. Dies ist ein Beweis dafür, daß geistige Verfassungen den Körper beeinflußen können. Kann ein Mensch in dieser Situation keinen weisen Meister finden, der ihn berät, dann sollte er sich an einen Mediziner wenden, um sich weiterhelfen zu lassen.

Reaktionen im Vorderkopf

Nachdem das *ch'i* durch den Hinterkopf geströmt ist, erreicht es den Vorderkopf. Die sechste körperliche Reaktion auf das Meditieren ist weniger kompliziert als die eben besprochene fünfte Reaktion. Die typische Erscheinung dieses Stadiums ist ein Gefühl der Schwellung in beiden Schläfen und wiederum eine gewisse Schläfrigkeit. Menschen, die über relativ große körperliche Kräfte und große Mengen an *ch'i* verfügen, beobachten oft ein Gefühl des Anschwellens oder eine leichte Reizung im oberen Nasenbereich und am Punkt zwischen den Augenbrauen. Dabei werden jedoch etwaige Vorstellungen und Bilder auf natürliche Weise reduziert und abgeschwächt. Auch wenn man sich etwas lethargisch fühlt, ist insgesamt gesehen der körperliche und geistige Druck beträchtlich geringer als in den weiter oben beschriebenen Phasen. Eventuell eintretende Blutstauungen in den Augen und daraus resultierende Rötungen der Bindehäute können allerdings unangenehme körperliche Empfindungen nach sich ziehen.

Wenn der Meditierende seine Augen öffnet oder schließt, wird er sonnen- oder mondähnliche Lichter oder sogar phosphoreszierendes Leuchten wahrnehmen. Das Licht wird entweder unbeweglich sein oder auf- und ableuchten. Gelegentlich kann man in diesem Licht Menschen oder Vorkommnisse erkennen und daraus Ereignisse der Zukunft vorhersagen. Manche Menschen könnten diese Fähigkeit mit Hellseherei verwechseln. Andere glauben aufgrund eines falschen Verständnisses der Lehren des Buddhismus, daß diese Lichterphänome das Licht ihres ursprünglichen Wesens darstellen. Zen-Buddhisten tun solche Bilder als Irrbilder des Lichtes ab, und Taoisten betrachten sie ebenfalls als eine Illusion. In Wirklichkeit ist dieses Licht auf Fluktuationen des *ch'i* im Kopf zurückzuführen, welche Gedanken oder Bilder hervorrufen und die Muster der Gehirnwellen verändern. Dieses Phänomen ist nur vorübergehend, und ihm sollte keine ungebührliche Bedeutung beigemessen werden.

Die Wahrnehmung von unbestimmten oder veränderlichen Farben, sei es in Visionen oder in Träumen, kann auf schlummernde Krankheiten der inneren Organe zurückzuführen sein. Falls die Nieren und damit verbundene Nerven im Genitalbereich beeinträchtigt, geschwächt oder erkrankt sind, zeigt sich dieser Zustand durch Lichterphänomene in Form von schwarzen Punkten oder schwarzen Flecken. Bei Erkrankungen der Leber erscheint die Farbe Blau; bei Herzkrankheiten kann man die Farbe Rot erkennen; falls die Lungen nicht gesund sind, wird man die Farbe Weiß vor seinen Augen sehen; Grün sieht man bei Krankheiten der Milz oder des Magens, und Gelb sieht man bei erkrankter Gallenblase.

Nach Ansicht der chinesischen Mystiker weist das Sehen der Farbe Schwarz in Träumen, Visionen oder Halluzinationen meist auf drohendes Unheil hin. Die Farbe Blau deutet auf Niedergeschlagenheit oder Trauer, während die Farbe Grün eine Behinderung durch Illusionen oder *Mara* bedeutet. Rot weist auf ungünstige Aussichten hin, während Gelb und Weiß Gutes verheißen und auf ruhige Menschen und angenehme Situationen hindeuten. Diese Regeln sind jedoch keineswegs fest und unumstößlich.

Man sollte sich darüber im klaren sein, daß alle solche Phänomene durch den Geist hervorgerufen werden. Der Geist kann die Sicht der Dinge sowohl verwandeln als auch verzerren. Wenn wir Körper und Geist wieder ins Lot bringen, können Zustände, die von Mara oder Halluzinationen gekennzeichnet sind, in *geheiligte Zustände* verwandelt werden. Es ist alles nur eine Frage des richtigen Umgangs mit dem Geist. Die richtige Vorgehensweise ist das ständige Reflektieren und Prüfen des eigenen geistigen Verhaltens.

Falls man es nicht versteht, die *ch'i*-Kraft im Vorderkopf auf angemessene Weise zu regeln und zu lenken, dann wird das *ch'i* zur Nase hin strömen und schlummernde Krankheiten in den Nebenhöhlen aktivieren. In diesem Fall wird der Schleim ständig aus den Nasenschleimhäuten tropfen. Eine Schule des Taoismus deutet dieses Phänomen als Verlust von *ching* und *ch'i*; aus diesem Grund wird empfohlen, den Ausfluß freiwillig zu hemmen, damit keine wesentlichen Kräfte verlorengehen. Das Eindämmen des Schleimflusses könnte für bestimmte Zwecke wertvoll sein; es fragt sich jedoch, wie man es am besten anstellen soll. Als erstes ist es unerläßlich, den Schleim medizinisch untersuchen zu lassen, um sicher zu gehen, daß er keine Giftstoffe oder Bakterien enthält.

Wenn auf medizinisch zuverlässige Weise ermittelt wurde, daß der Schleim ungefährlich ist, kann man ihn wieder hochziehen und ihn bedenkenlos zum Magen abfließen lassen. Unter solchen medizinisch einwandfreien Voraussetzungen könnte das Nasentropfen bereits nach einigen Tagen aufhören, und anschließend kann man in eine bessere Phase der Meditation eintreten. Manche Menschen wissen nicht, daß solche Behandlungen möglich sind, und ertragen den Schleimfluß jahrelang, bis er letztendlich weitere Krankheiten verursacht.

Viele Mönche und Taoisten, die bis zu diesem Stadium fortgeschritten sind, in dem die *ch'i*-Kraft den Vorderkopf erreicht, wissen nicht, wie sie mit diesem Schleimfluß aus der Nase umgehen sollen. Als abschreckende Beispiele zitieren sie gerne die Taoisten Dan Ts'an und Han Shan, die zur Austreibung jeder Abhängigkeit von Sittenregeln und damit verbundenen Schamgefühlen den Nasenschleim bis zu den Schultern herabtriefen ließen. Dieses Phänomen beschäftigte mich drei Jahre lang, bis ich eines Tages plötzlich das Hochziehen und Herunterschlucken des Schleims als Lösungsmöglichkeit für dieses Problem erkannte. Nachdem ich das Problem auf diese Weise behandelt hatte, konnte ich weitere Fortschritte machen. Meine Erfahrung könnte sich als wertvoll zeigen für diejenigen, die in dieses Stadium ihrer Meditationspraxis eintreten. Nachdem man dieses Stadium überwunden hat, wird man mit der Zeit bestimmte Wohlgerüche wahrnehmen. Es handelt sich um normale Gerüche aus dem eigenen Gedärm, und nicht etwa um mystische Düfte aus der Umgebung.

Reaktionen am Scheitelpunkt des Kopfes

In dem Moment, wo das *ch'i* den Bereich des Vorderkopfes überwindet und in die Nase strömt (man vergesse dabei nicht, daß man es auch willentlich zurücklenken kann), wird es nach folgendem Muster kreisen: Bei dieser siebten körperlichen Reaktion gelangt die Kraft zur Mitte des Groß- und des Kleinhirns, bevor sie sich aufwärts zum Scheitel hin bewegt. Beim Eintreten in diesen Zustand richtet man unwillkürlich den Rücken auf und erlebt ein großes *samadhi*.

Taoisten nennen den oberen Kopf oder Scheitel den *Ni Huang-Palast*, und Yogis bezeichnen ihn als die *Krone*. Manche Taoisten sind der Meinung, dieses Phänomen würde die vollständige Öffnung des *Tu Mai* darstellen. Dem ist aber nicht so. Es handelt sich lediglich um Veränderungen am *Tu Mai*, die das erste Öffnen des zentralen Nervensystems begleiten. Darauf folgt eine Stimulierung der Funktion des oberen Kopfes zwecks gleichmäßiger Verteilung der inneren Sekrete Auf dieser Stufe werden manche Menschen allerdings vorübergehend Schmerzen empfinden oder ein Gefühl der Schwere im oberen Kopf wahrnehmen, als ob dort etwas zusammengepresst würde, oder eine große Anspannung spüren. Das liegt daran, daß die *ch'i*-Bahn im Kopf nicht vollständig geöffnet ist oder daß die eigene Aufmerksamkeit übermäßig mit den eigenen Gefühlen und Empfindungen beschäftigt ist. Falls man es schafft, die Aufmerksamkeit vom Kopfbereich abzulenken und den Prozeß seinem natürlichen Lauf zu überlassen, dann wird mit der Zeit ein angenehmes und erfrischendes Gefühl entstehen, das dann vom Scheitel aus nach unten strömt. Dieses Phänomen ist das Vorstadium zum *Ching An*, was in der buddhistischen Meditation mit Leichtigkeit und Ruhe gleichgesetzt wird und *Chih* und *Kuan* umfaßt. In diesem Stadium verlieren Gedanken und Illusionen an Stärke, und deshalb gelangt man in die erste Stufe des *samadhi*.

Falls süßer, kühler Speichel herabfließt, handelt es sich um eine Absonderung aus der Hirnanhangdrüse. Diesen Speichelfluß bezeichnen die Taoisten als *T'i Hu Kuang Ting*, wörtlich eine *Einweihung oder Einsegnung durch das Besprengen des Kopfes mit einer reichen Flüssigkeit, aus aufgekochter Butter gewonnen*. Er wird manchmal auch *süßer Tauregen über den Berg Sumeru* oder *Nektar flüssiger Jade* genannt. Taoisten betrachten diesen Speichel als Verjüngungselixier. Auch wenn es sehr mystisch oder hypothetisch klingt, er hat tatsächlich die Wirkung, Krankheiten zu heilen und zur Langlebigkeit beizutragen. Er kann auch appetitanregend wirken, und man kann durchaus beobachten, daß man bei solchem Speichelfluß Speisen gut verdauen und die Nährstoffe daraus leicht aufnehmen kann, selbst nach einem schweren Mahl. Gleichzeitig wird man kaum Hunger spüren, auch wenn man nichts ißt, oder man wird durch Luftschlucken das Hungergefühl vertreiben können. In diesem Stadium ist ein Mensch natürlich voll geistiger Energie, was deutlich bezeugt wird durch das strahlende Aussehen eines solchen Menschen.

Wenn das *ch'i* im Kopf wirklich kreist, werden außerdem klingelnde Geräusche im Kopf wahrzunehmen sein, in etwa: *Pi Pi Pai Pai*. Es handelt sich um Reaktionen der Nerven, die vom *ch'i* ausgelöst wurden und im Sinne einer Öffnung der *ch'i*-Bahn arbeiten. Diese Geräusche sind nichts Seltsames; sie klingen wie das Geräusch, das man hört, wenn man seine Ohren mit den Handflächen zudeckt und das Pochen des eigenen Herzens und das Kreisen des Bluts hört. Falls die Aufmerksamkeit jedoch durch diese Geräusche in Anspruch genommen wird oder im Oberen Wärmer* irgendeine Krankheit schlummert, dann wird man oft das Bedürfnis haben, den Kopf zu schütteln.* Falls der Meditierende das Gegen-

---

* Der Obere Wärmer ist Teil des Meridians, den Akupunkturisten als Dreifachen Heizer kennen. Der Dreifache Heizer umfaßt den Oberen Wärmer, in der Brustkorbgegend angesiedelt, den Mittleren Wärmer, im oberen Bauch, und den Unteren Wärmer, im unteren Bauchbereich.

mittel nicht kennt oder seine Aufmerksamkeit nicht davon freimachen kann, stellt sich eine Art Krankheitszustand ein. Versteht es der Meditierende hingegen, ruhig und still zu bleiben und dieses Gefühl zu ignorieren, dann wird er auf natürliche Weise zum oben beschriebenen Zustand des *Ching An* gelangen. Es gibt Menschen, die, ohne zu meditieren, während ihrer Jugend spontan in diesen Zustand eintreten. Man kann es als eine Art Neurose ansehen, aber wenn es nicht durch andere Faktoren ausgelöst wurde, dann ist es nicht als krankhaft zu betrachten.

Sofern man die genannten Reaktionen in den Bereichen Taille, Rücken, Hinterkopf, Scheitel und am Punkt zwischen den Augenbrauen in der Mitte des Kopfes beobachtet, könnte man annehmen, man habe *Tu Mai* geöffnet. Diese Reaktionen weisen aber in Wirklichkeit nicht auf die Öffnung von *Tu Mai* hin, sondern es handelt sich lediglich um die anfänglichen Reaktionen des Körpers auf die Meditation. Wenn der *Tu Mai* tatsächlich geöffnet wird, treten spezielle Symptome auf, und stets im Zusammenhang mit dem *Jen Mai*. Die bereits erwähnten körperlichen Gefühle und Empfindungen sind nur Kleinigkeiten.

Wenn das *ch'i* im Kopf kreist, hat man oft ein Gefühl der Schwellung, Schmerzen oder andere unangenehme Empfindungen. Oder man könnte unter Umständen sehr fest, aber dafür sehr häufig schlafen oder aber sehr lange schlafen. Das *ch'i* beeinflußt die Nerven der Augenhöhlen, das Trommelfell, die Bindehäute und den Hals-Nasen-Bereich, und er bringt oft krankheitähnliche Symptome mit sich. Zudem könnten manche Menschen das Gefühl haben, ihr Kopf sei sehr schwer und ihre Füße hingegen sehr leicht, oder sie könnten irritiert oder jähzornig werden, an Verstopfung leiden oder überreizt werden, so daß man nicht einschlafen oder nicht erholsam schlafen kann. Leser sollten sich wegen der Möglichkeit solcher negativer Auswirkungen, die durch das Öffnen des *Tu Mai* während der Meditation verursacht werden können, nicht beunruhigen lassen. Nicht jederman wird alle beschriebenen Symptome an sich beobachten; welche Symptome tatsächlich auftreten, hängt ab vom Geschlecht und Alter eines Menschen sowie von seinem geistigen und körperlichen Zustand. Außerdem ist der Schmerz, der infolge der Meditation entsteht, nicht wirklich der Schmerz einer Krankheit, auch wenn sich die beiden ähneln.

Abschließend kann man bemerken, daß, wenn das *ch'i* zum Kopf aufgestiegen ist, man bereits einige Auswirkungen davon spüren wird. Man sollte den Geist stillen, um Ruhe zu bewahren, und darauf warten, daß das *ch'i* zum Kehlkopf, in die Speiseröhre, die Brust, den Magen, zum unteren *Tan Tien* und schließlich in die Nierengegend hinabfließt, von wo aus es in die Geschlechtsorgane strömt. Diese Reihenfolge entspricht dem *Jen Mai* der taoistischen und chinesischen Heilkunst und stimmt im wesentlichen mit dem autonomen Nervensystem der westlichen Medizin überein.

Das Öffnen von *Jen Mai*

Ob das *ch'i* herabfließt und in der oben erwähnten Reihenfolge am *Jen Mai* entlang strömt, ist ein praktisches Problem. Menschen, die Meditation und die Kultivierung des Tao praktizieren, richten sich meist nach den Texten des Taoismus sowie nach anderen Meditationstexten. Solche Menschen verfügen oft nicht über eigene, echte Erfahrung, oder sie sehen nur ihren eigenen Standpunkt, der sich oft aus völlig subjektiven Vorstellungen oder Illusionen zusammensetzt. Infolgedessen betrachten sie die Nutzung des *Jen Mai* als den Schritt, der logisch auf das Öffnen des *Tu Mai* folgt. Die Technik der willentlichen Lenkung des *ch'i* über das eigene Bewußtsein führt einen Menschen dazu, diesen Eindruck zu erwarten oder diesen Schluß zu ziehen. Vom Standpunkt der Kultivierung des Tao mittels der Meditation aus gesehen ist dies jedoch eine oberflächliche Sichtweise. Dieser Abschnitt versucht, den Weg darzustellen, auf dem das *ch'i* den *Jen Mai* durchströmt, damit der Leser dieses Material besser verstehen und integrieren kann.

Das Zentrum von Jen Mai ist das *Mittlere Haus*

Nach Ansicht des Taoismus und der chinesischen Heilkunst ist das *Mittlere Haus* ein abstrakter Begriff. Der Hauptbereich seiner Tätigkeit ist der Magen, der der Erde zugeordnet ist. Diese Vorstellung leitet sich von den abstrakten Begriffen des Yin-Yang und den acht Trigrammen des *I Ching* her, die die fünf Elemente darstellen: Wasser, Erde, Feuer, Holz und Metall.

Während der Chin- und Yuan-Dynastien gab es zwei Schulen der chinesischen Medizin. Die eine betonte die Behandlung des Magen-*ch'i*. Die andere legte größeren Wert auf die Ernährung der Nieren, die mit dem Element Wasser oder *K'an* assoziiert wurden. Diese einfachen Vorstellungen leiten sich alle vom abstrakten Symbolismus des Yin-Yang sowie den acht Trigrammen her. Die vier Diagramme und die fünf Elemente beruhen alle auf dem Prinzip der Erde. Die neun Häuser und die acht Trigramme können nicht unabhängig vom *Jen* betrachtet werden, was die Grundlage dieser Theorien bildet. *Jen* ist einer dieser himmlischen Stämme und ist dem Wasserelement zugeordnet.

Die Milz und der Magen sind sehr wichtig für die Gesundheit des Körpers, die Langlebigkeit und die Kultivierung des Tao. So ist auch das erste ernstzunehmende Warnsignal für jegliche Krankheit eine Veränderung des Appetits. Menschen, die an einer Erkältung oder Grippe erkrankt sind, haben zum Beispiel kaum Appetit, was auf Probleme im Magen und Darmtrakt schließen läßt. Menschen mit guter Verdauung macht aber eine Erkältung oder Grippe nicht sehr viel aus. Der Magen ist oben mit der Speiseröhre und unten mit dem Dickdarm verbunden, und er wirkt sich auf die Funktionen der Nieren und der Sexualdrüsen aus.

Das erste Anzeichen für das Öffnen des *Jen Mai* ist das Brodeln oder Vibrieren von *ch'i*-Kraft im Gedärme und im Magen. Nach dieser ersten Reaktion gibt es zwei Möglichkeiten. Erstens könnte man einen großen Appetit bekommen; in diesem Fall sollte man darauf achten, daß man nicht zuviel ißt, und statt dessen gesundes, nahrhaftes Essen zu sich nehmen, das man leicht verdauen und aufnehmen kann. Zweitens könnte man jeden Appetit verlieren und sich mit *ch'i* aufgebläht fühlen. In diesem Fall sollte man weniger essen oder fasten, bis der Appetit zurückkehrt, dann sollte man immer noch wenig essen, dafür aber häufiger.

Neben dem ersten oben beschriebenen Symptom könnte man Schluckauf, übermäßiges Gähnen, Blähungen oder alle drei gleichzeitig beobachten. Manche Menschen glauben, daß man durch Wind-Lassen an Vitalität oder *ch'i*-Kraft verliert, sei es, weil sie das taoistische Sutra falsch verstanden haben, sei es, weil sie von ihren Lehrern falsch aufgeklärt wurden. Infolgedessen versuchen sie meistens, die Aftermuskeln stark zusammenzuziehen, um dem vorzubeugen. Das führt zur Stauung der Blähungen, was die Gedärme reizt und Verstopfung, Hämorrhoiden oder andere Darmkrankheiten zur Folge haben kann. In Wirklichkeit gilt die Theorie, daß man die Zerstreuung der eigenen Vitalkraft beziehungsweise *ch'i* vermeiden sollte, für dieses Stadium noch nicht, und deshalb sollte man jeden Schluckauf zulassen und so oft wie nötig Wind lassen.

Zwei Phänomene bedürfen der weiteren Erörterung:

1. Man hat lange Schluckauf und muß viel gähnen, als ob man eine ernsthafte Magenkrankheit hätte;
2. Stuhlgang ist ungefähr zehn bis fünfzehn Tage lang dünnflüssig wie bei einem ernsthaften Durchfall.

Sowohl häufiger Schluckauf als auch starkes Gähnen über längere Zeit sind ein Symptom der Aufwärtsbewegung des Magen-*ch'i* (analog dem Aufstieg des *prana* im Yoga), das dann durch die Speiseröhre drängt. Nachdem das *ch'i* aufgestiegen ist und den Weg zur Speiseröhre freigemacht hat, fühlt man sich im Kopf und in der Brust erfrischt. Außerdem wird ständig süßer und erfrischender Speichel von den Speicheldrüsen fließen. Taoistische Bücher beschreiben diesen Speichel als Wein der Langlebigkeit, als süßen Tauregen, Jadeflüssigkeit oder Nektar. Früher zollten Schüler der esoterischen Lehren des Buddhismus in der Hsi Kang-Provinz und in Tibet Menschen, die lange Schluckauf hatten oder stark gähnen mußten, großen Respekt, da diese Symptome darauf hinwiesen, daß der Betreffende es sehr weit gebracht hatte bei der Kultivierung seiner *ch'i*-Bahnen.

Ein normaler Mensch, der oft den Darm entleert, ob er nun an Durchfall leidet oder nicht, könnte an einer ernsthaften Magenkrankheit oder einer schmerzhaften Darmerkrankung wie zum Beispiel Dickdarmentzündung leiden. Jemand, bei dem diese Phänomene hingegen aufgrund der Reaktionen des durch die Meditation ins Fließen gebrachten *ch'i* auftreten, wird keinen Schmerz empfinden, sondern vielmehr angenehme, erfrischende Gefühle im Kopf und in den inneren Organen haben. Auch wenn der Schüler eine gewisse Schwäche verspürt, hat dies nichts zu sagen. Unter Umständen wird er am Ende des durchfallähnlichen Zustandes eine Art klebrige, lila-schwarze Flüssigkeit ausscheiden. Diese Flüssigkeit bedeutet, daß sämtliche Schlacken und Ablagerungen in Magen und Darm nun vollständig ausgestoßen werden. Nach diesem Stadium tritt man in ein neues Stadium ein: entweder einen geistigen *samadhi*-Zustand oder einen physiologischen Empfindungszustand. Man sollte trotzdem weiterhin auf seine Ernährung achten, damit man nicht zuviel oder wahllos ißt.

In diesem Stadium sollte man den Geschlechtsverkehr meiden. Falls Sie einen Partner haben, sollten Sie so selten wie möglich miteinander verkehren. Wer sich nicht nach diesen Warnungen in bezug auf Geschlechtsverkehr und Ernährung richten kann, wird wieder von vorn anfangen und lange meditieren müssen, bis die durchfallähnlichen Symptome wieder einsetzen. Es kommt häufig vor, daß Menschen mit dem Meditieren beginnen, an diesem Punkt scheitern und dann den ganzen Prozeß immer wieder von neuem beginnen müssen. Das ist einer der Schlüsselpunkte. Gibt man sich irdischen Vergnügen hin, dann braucht man sich nicht zu wundern, wenn man niemals das Ziel der Meditation erreicht.

Das Magen-*ch'i* kommt ins Fließen

Der Rachen besteht aus der Speiseröhre hinten, die zum Magen führt, und der Luftröhre vorne, die zu den Lungen führt. Falls man im Bereich der Luftröhre erkrankt ist, sich erkältet oder sich eine Grippe zuzieht, dann wird man von Husten geplagt. Es gibt zwei Arten von Husten: den trockenen Husten ohne Schleim und den Husten mit Schleimbildung. Ein trockener Husten entsteht meist durch Bronchitis. Manchmal haben Husten mit Schleim mit Krankheiten im Magen zu tun, der ja bekanntlich mit der Speiseröhre verbunden ist.

Jemand, der die Meditation praktiziert, nachdem das Magen-*ch'i* ins Fließen gekommen ist und das Phänomen des lange andauernden Schluckaufs oder langen Gähnens bereits eingesetzt hat, der wird unter Umständen etwas spüren, was seine Brust blockiert und er gerne ausspucken möchte, aber nicht kann. Wenn er wartet, bis er voll aufsteigender *ch'i*-Kraft ist, wird er plötzlich einen dichten, trüben, dunkelgraufarbigen Schleim ausspucken. Das ist ein Hinweis auf den ersten Eintritt des *ch'i* in die Speiseröhre. Taoisten bezeichnen dies als die *zwölf ständig wiederholten Stockwerke*. Esoterische Buddhisten nennen diese Stelle das Halszentrum oder -chakra. Eigentlich beziehen sich beide Ausdrücke auf den ganzen Rachenraum vom Kehlkopf über die Speiseröhre bis in den Magen.

Menschen, die die esoterischen Lehren praktizieren, glauben, daß ein Mensch nicht mehr von Illusionen geplagt wird, sobald die *ch'i*-Bahn im Bereich des Halschakras geöffnet wird. Ob dies tatsächlich zutrifft, ist jedoch unklar. Nach dem Öffnen des Halschakras wird die Gedankentätigkeit herabgesetzt, und Sorgen, die auf Gefühlen und Ängsten beruhen, können zur Ruhe kommen. Das bedeutet aber nicht, daß ein Mensch sich *vollständig* aller Illusionen entledigt, da dieser Zustand nur über die Praxis des geistigen *samadhi* erreicht werden kann.

Spielt die Speiseröhre eine große Rolle, was die geistige und körperliche Gesundheit eines Menschen betrifft? Ja, sie spielt tatsächlich eine große Rolle. Da sie der Hauptweg ist, über den die Nahrung befördert wird, werden Abfallstoffe und Schlacken an den Wänden der Speiseröhre abgesetzt. Diese Abfälle werden nicht automatisch über normale körperliche Funktionen aus dem Körper geräumt. Tag für Tag sammeln sich Ablagerungen an den Wänden der Speiseröhre, die auf die Dauer viele Probleme hervorrufen können wie etwa Krebs der Speiseröhre. Bildhaft kann man sich dazu ein Glas voll Milch vorstellen: Auch wenn das Glas geleert wird, so werden einige feine Milchpartikelchen an der Glaswand haften bleiben. Manche Yogis versuchen, die Speiseröhre und den Magen zu reinigen, indem sie ein langes Tuch schlucken. Das Reinigen der Speiseröhre durch aufsteigendes *ch'i* ist jedoch eine viel edlere Methode.

Die *Obere* und *Untere Brücke* der *Kleinen Vögel* des Taoismus

Nach dem Öffnen der Speiseröhre durch das aufsteigende Magen-*ch'i* fühlt sich die Brust geöffnet und geweitet. Ein Mensch in einem Zustand großer Ruhe wird unter Umständen sogar raschelnde Geräusche in der Herzgegend hören. Dann wird der Eintritt der *ch'i*-Kraft in den unteren Bauch zwei fast spontane Reaktionen nach sich ziehen: zum einen das Gefühl, daß etwas sich senkt, und zum anderen ein Sich-Wölben der Zunge. Eine der grundlegenden Meditationsmudras im Buddhismus, im Taoismus und in den esoterischen Lehren des Yoga ist das Wölben der Zunge, bis sie den hinteren Gaumen berührt. Allgemein gesagt ist der Zweck dieser Zungenbewegung die Stimulierung und Förderung des Speichelflusses. Ein Teil des Speichels wird von der Hirnanhangdrüse abgesondert, und er bewirkt eine Verjüngung. So kann man bei der Meditation den Mund mit Speichel füllen, indem man die Speicheldrüse der Schneidezähne mit der Zunge berührt; diesen Speichel sollte man oft herunterschlucken. Manchmal schmeckt er sogar leicht süß und aromatisch.

Beim Aufsteigen des Magen-*ch'i* in die Speiseröhre wird der Kehlkopf automatisch nach unten gedrückt, und die Zunge wölbt sich nach oben, um das Zäpfchen zu berühren und so den Kehlkopf zu schließen. Diesen Zustand nennt man das *Anschirren der Oberen Brücke der Kleinen Vögel* oder das *Heraufklettern der Himmelsleiter.* Im Yoga bezeichnet man ihn als *eingefangenes ch'i.* Das Phänomen des Kondors, der am Hinterkopf schreit, wird als klickende Geräusche wahrgenommen. Das *goldene Licht, das vor den Augen erscheint,* wird immer klarer. Der Geist wird immer ruhiger und freier von Illusionen.

Einer besonderen Aufmerksamkeit bedarf es bei der *ch'i*-Kraft, die vom Magen zum unteren *Tan Tien* herabsteigt. Bei einem Kind, das ohne sexuelles Wissen oder sexuelle Erfahrung das Tao kultiviert, liegt der Sachverhalt anders. Bei einem Menschen aber, der sexuelle Betätigungen wie etwa die Masturbation oder nächtliche Samenergüsse bereits kennt, kann das *ch'i* den *Tan Tien* nicht so leicht erreichen. Wenn das absteigende *ch'i* zum unteren *Tan Tien* übergeht, werden die Nerven, die sich vom unteren Bauch und vom Schambein aufwärts erstrecken, einen beißenden Schmerz registrieren. Nachdem dieser Schmerz nachgelassen hat, wird das *ch'i* beim Mann direkt zum Damm vordringen und durch das Glied strömen, während es bei der Frau lediglich zur Gebärmutter aufsteigen wird. In diesem Stadium reicht eine leichte Aufmerksamkeit aus, um das *ch'i* nach hinten zu lenken. In der Prostata und im Dammbereich wird es sich fest zusammenziehen; der untere Bauch wird sich aufgrund der inneren Atmung kräftigen, was dem Phänomen der leichten Atmung im unteren Bauch entspricht. Im Taoismus wird dies als die *Untere Brücke der Kleinen Vögel* bezeichnet.

Nach weiterem Fortschreiten wird die Atmung durch Mund und Nase wie auch die innere Atmung gänzlich aufhören. Glied und Hoden eines Mannes werden sich eng zusammenziehen wie bei einem Säugling. Dieses Phänomen, im Taoismus auch *zusammenziehbarer Penis wie beim Pferd* genannt, ist eines der zweiunddreißig Zeichen eines Buddhas. In diesem Stadium ist es egal, ob man zuviel ißt oder fastet und sich durch Luftschlucken ernährt, da man hier bereits den ersten Schritt des *samadhi* erreicht hat. Man hat jedoch immer noch einen weiten Weg zurückzulegen, bevor man das echte Öffnen von *Tu Mai* und *Jen Mai*, echten *samadhi* und das Stadium jenseits des Menschen und des Himmels erreichen kann.

In vorangegangenen Abschnitten diskutierten wir die verschiedenen Reaktionen, die durch *ch'i* in *Tu Mai* und *Jen Mai* verursacht werden. Im allgemeinen betrachtet man diese Reaktionen als Zeichen für das Öffnen von Tu Mai und *Jen Mai*. Das ist aber eine absurde Vorstellung. Diese Phänomene werden einer guten Gesundheit und einem langen Leben dienlich sein, sofern man adäquat damit umgeht. Wünscht ein Mensch aufrichtig, das Tao zu kultivieren, so sollte er sorgfältig zwischen wahr und falsch unterscheiden und Täuschungen nicht für echt halten.

Fasten und die Funktion des mittleren *ch'i*

Falls das Magen-*ch'i* sich im Mittleren Palast tatsächlich entfacht und die *Zwölf Stockwerke* der Speiseröhre hochsteigt, wird die Zunge unwillkürlich die *Obere Brücke der Kleinen Vögel* bilden, das heißt das Zäpfchen und die Atemstelle der inneren Nasenlöcher berühren. Die Zunge wird die Sekrete aus der Hirnanhangdrüse, das heißt den vom Kopf herabfließenden Speichel oder Schleim, direkt empfangen. Diese süße, wohlriechende Flüssigkeit kann man immer herunterschlucken.

Mit der Zeit wird man die Nase nicht mehr zum Atmen benötigen, und das grobe Atmen wird auf natürliche Weise aufhören. Dieses Stadium wird dadurch erreicht, daß man das *eingefangene ch'i* des Yoga und den *selbstschließenden Atem* des Taoismus praktiziert. Letztendlich wird man einen stärkeren Widerstand aufweisen gegen äußere Umstände wie Kälte, Hitze, Feuchtigkeit und Essen oder Fasten. In diesem Stadium wird ein Mensch lange fasten können und infolgedessen weniger Schlaf benötigen. Hier braucht man jedoch die Anweisungen eines weisen Meisters, um das Essen und Trinken auf angemessene Weise zu reduzieren, damit man schließlich fasten kann.

Man tritt in einen völlig neuartigen *samadhi*-Zustand ein, obwohl es sich hier noch immer um einen ersten Schritt handelt. Allerdings ist gesundes, nährstoffreiches Essen immer noch nötig, um die innere Kraft zu erhalten, die man braucht, um die *ch'i*-Bahnen der Geschlechtsorgane sowie *Yin Ch'iao*, *Yang Ch'iao*, *Yin Wei* und *Yang Wei* der acht zusätzlichen Meridiane zu öffnen.

Wann sollte man vorläufig mit dem Essen aufhören, und wann sollte man wieder mit dem Essen beginnen? Das hängt von der jeweiligen Situation ab und kann nicht wie ein Schlachtplan aufgezeichnet werden. Im Taoismus nennt man diesen Zustand *Ho Hou*, die Kraft eines Feuers zum Kochen. Der Prozeß wird mit der Schürung eines Feuers beim Kochen verglichen, da er gute Selbstkenntnis und persönliche Aufmerksamkeit erfordert. Dabei sollte man sich jedoch nicht allzusehr nach festen Regeln und Anweisungen richten, da es wichtig ist, die Wandlungsfähigkeit beizubehalten.

Ein großer Bauch ist nicht Tao

Sobald es ein geringfügiges Anzeichen dafür gibt, daß *Jen Mai* geöffnet ist, beginnt die innere Atmung beziehungsweise die Atmung im Bereich des unteren *Tan Tien* zu funktionieren. Die meisten Menschen neigen dazu, das *ch'i* auf natürliche Weise in den *Tan Tien* zu senken, so daß der untere Bauch sich füllt und wölbt. Sie stellen sich dann vor, sie hätten den Zustand erreicht, der in einem Gedicht des berühmten Unsterblichen Lu Tong Ping folgendermaßen beschrieben wird: *Mit einem Schatz im Tan Tien braucht man das Tao nicht zu suchen; ohne sich mit dem Geist gegen die materielle Welt zu wappnen, braucht man den Zen nicht zu suchen.* In Wirklichkeit handelt es sich hier um einen Zustand, der sehr wenig erstrebenswert ist.

Fährt man fort, sich auf *Tan Tien* zu konzentrieren, so wird es sich schädlich auf die Nieren, die Geschlechtsorgane und den Dick- und Dünndarm auswirken, und dann wird man es schwer haben, *Tai Mai*, die *ch'i*-Bahn in der Hüftgegend, zu öffnen. In diesem Zustand sollte man sich auf das Zusammenziehen oder Engerwerden des unteren Bauchs vom Schambein bis zum Nabel konzentrieren und das *ch'i* zwingen, den *Tai Mai*-Bereich zu öffnen. Man sollte sich jedoch nicht so stark darauf konzentrieren, daß man sich auf diese Gefühle versteift.

Nach einer langen Weile wird *ch'i* vom Damm aus erzeugt werden und dann an den Meridianen und Blutbahnen in den Beinen entlangfließen. Die *ch'i*-Kraft wird sich Schritt für Schritt nach unten bewegen, bis sie an den Fußsohlen ankommt und nach und nach jede Empfindung von Schmerz, Pochen, Anschwellen, Taubheit und Jucken beseitigt. Dann werden warme, weiche, leichte Gefühle von Drucklosigkeit oder Leere, ein *Orgasmus der Glückseligkeit* in jedem Nerv und vielleicht sogar in jeder Zelle der Beine und Füße zu spüren sein. In diesem Stadium ist man glücklich, die Beine zu kreuzen und lange zu meditieren.

Nachdem man lange die Meditation in diesem Zustand ausgekostet hat, wird die *ch'i*-Kraft wieder an der Bahn des *Tu Mai* entlang strömen, zur Taille und zu den Händen hochsteigen und dann frei zwischen dem Nervengeflecht an den Schulterblättern und den Handflächen und Fingerspitzen kreisen. Der ganze Körper wird so biegsam, daß man das Gefühl hat, er enthalte keine Knochen. Das *ch'i* wird wieder kreisen und zum Vorderkopf hochsteigen und sich dann wieder abwärts bewegen und den ganzen Körper füllen -- Arme, Beine und Füße – und von einem sehr leichten Atem begleitet sein. Man fühlt sich fast so, als ob der Körper gar nicht existieren würde.

Wie Laotse einmal bemerkte: *Man kann am ch'i arbeiten und sich weich machen wie ein Säugling!* In diesem Stadium hat man das erste Öffnen von *Jen* und *Tu Mai* erreicht. Um ein langes, gesundes Leben zu führen oder das fortgeschrittene Stadium der Kultivierung des Tao zu erreichen, ist die Bedeutung der Öffnung der *ch'i*-Bahnen in beiden Beinen durch herabsteigendes *ch'i* nicht weniger groß als das Öffnen von *Jen* und *Tu Mai*. Wer den *Orgasmus der Glückseligkeit*, die Wärme, Weichheit und Leichtigkeit in den Beinen noch nicht erlebt hat, sollte nicht annehmen, er hätte *Jen* und *Tu Mai* geöffnet.

Die Bedeutung der Füße für den menschlichen Körper

Pflanzliches Leben wird durch Wurzeln genährt, die tief in die Erde hinabreichen. Durch ihre Verzweigungen, die an Beine und Füße erinnern, hat die Ginsengwurzel große Ähnlichkeit mit dem menschlichen Körper. Deshalb können wir uns dieses Vergleichs bedienen, um die Bedeutung der Füße für den Körper darzulegen.

Die Menschen sind die Lebewesen mit den stärksten spirituellen Neigungen. Im Unterschied zu den Pflanzen sind beim Menschen aber die Wurzeln am Scheitel des Kopfes angesiedelt. Der Raum oberhalb des Kopfes des Menschen ist vergleichbar mit der Erde unterhalb von Pflanzen. Die Beine und Füße eines Menschen lassen sich mit den Zweigen und Blättern einer Pflanze vergleichen.

Falls die *ch'i*-Kraft während der Meditation die Beine und Füße nicht erreichen und frei durch die Nervenzentren der Arme und Beine kreisen kann, wird der Körper einem Baum mit verwelkten Blättern und Zweigen gleichen, auch wenn der Oberkörper nicht abgeschlafft wirkt. In einem solchen Fall wird man nicht imstande sein, die eigene Vitalität auf dem Wege der Meditation zurückzuerlangen, sondern praktisch nur auf den Tod warten.

Falls das *ch'i* frei in den Füßen und Beinen kreisen kann, wird sich der Oberkörper automatisch aufrichten, und die Hüftmuskulatur kann sich problemlos zusammenziehen und entspannen. Beim Gehen wird man meinen, auf Wolken zu laufen, oder der Boden wird sich wie eine weiche Decke oder wie Watte unter den Füßen anfühlen. Falls man zufällig irgendeine Kampfsportart gut beherrscht, wird man sich beim Üben so fühlen, als sei der Körper leicht wie ein Blatt oder als könne man den ganzen Körper über längere Zeit auf einer einzigen Zehe aufstützen. Ein Mensch, der krank oder sehr schwach ist, kann andererseits auch ähnliche Empfindungen beobachten. Obwohl sie den weiter oben beschriebenen Phänomenen sehr ähnlich sind, handelt es sich hierbei jedoch um etwas ganz anderes, und man sollte darauf achten, die einen nicht mit den anderen zu verwechseln.

Diese grobe Beschreibung der Reaktionen, die nach dem Öffnen von *Jen Mai* eintreten können, deckt keinesfalls alle Details ab. So ist *Jen Mai* auch sehr viel schwieriger zu öffnen als *Tu Mai*. Die meisten Bücher über Meditation beschreiben nur die augenfälligsten Reaktionen von *Tu Mai* und lassen die Einzelheiten außer acht. Außerdem beschreiben die meisten Autoren nicht die Reaktionen, die beim Öffnen von *Jen Mai* eintreten.

Im Taoismus wie auch in der chinesischen Medizin umfaßt *Jen Mai* das autonome Nervensystem sowie sämtliche Funktionen der endokrinen Drüsen und der Eingeweide. Wer es schafft, *Jen Mai* zu öffnen und das *ch'i* kreisen zu lassen, wird sich einer viel besseren Gesundheit erfreuen und in sämtlichen inneren und metabolischen Funktionen viel bessere Reaktionen beobachten können. Im Taoismus sagt man: *Öffnet sich ein Mai beziehungsweise eine ch'i-Bahn, so werden sich hundert Mai öffnen*. Dieser eine *Mai* ist *Jen Mai*.

Auseinandersetzungen über die *ch'i*-Bahnen

Vor Urzeiten waren alle verfügbaren Informationen über *Jen Mai, Tu Mai* und die acht zusätzlichen Meridiane auf merkwürdige, undurchsichtige Weise verschleiert. Die obigen Ausführungen sollen dazu dienen, diesen Schleier etwas zu lüften.

Die Prozesse und Reaktionen auf das Öffnen der *Ch'i Mai* sind je nach Alter, Geschlecht und körperlicher Verfassung bei verschiedenen Menschen unterschiedlich. Außerdem wird man bei diesem Prozeß unterschiedliche Erfahrungen machen je nach Intelligenz oder geistiger Verfassung. Allerdings sind die oben ausgeführten Richtlinien und Prozesse allgemein genug, um für fast alle zuzutreffen.

Neben dem *Tu Mai* und dem *Jen Mai* des Taoismus wird im esoterischen Buddhismus und im indischen Yoga die Bedeutung der *ch'i*-Bahnen unterstrichen. Die beiden zuletzt genannten Disziplinen legen jedoch besonderen Wert auf die drei *Mai* und die vier Chakras beziehungsweise die drei *Mai* und die sieben Chakras, die sich sehr stark von den acht zusätzlichen Merdianen des Taoismus unterscheiden.

Zu diesem Thema hat es zwischen den Verfechtern des Taoismus, des esoterischen Buddhismus und des Yoga Streitigkeiten, Widerlegungen und ausgesprochene Gegensätze gegeben. Der Kernpunkt ist hier, daß diese Menschen nicht tief genug in ihrem Denken vorgedrungen sind, um sämtliche Seiten der Auseinandersetzung wirklich zu verstehen. Falls ein Mensch sich mit dem Taoismus, dem esoterischen Buddhismus oder dem Yoga befaßt, so muß er begreifen, daß er diese Lehren nur bestätigen kann, indem er davon ausgeht, daß Geist und Körper die Werkzeuge sind, um mit diesen Methoden zu experimentieren und vorläufige Ergebnisse unter Beweis zu stellen. Es gibt keinen anderen Weg.

Da wir bei unserer Praxis Körper und Geist einsetzen, ist es deswegen möglich, durch unseren Gebrauch dieser unterschiedlichen Werkzeuge die inneren Organe, Nerven oder Knochen umzustellen und neu anzuordnen? Natürlich nicht! Es gibt keine konkreten Fakten, die beweisen würden, daß es zwischen diesen verschiedenen Schulen echte Unterschiede gibt. Die Theorie, zu der ein Mensch sich hingezogen fühlt, beeinflußt aber tendenziell seine Vorstellungen und Gefühle und schafft somit auch die entsprechenden Illusionen. Besteht man darauf, daß es echte Unterschiede gibt, so liegt es daran, daß man für bestimmte Empfindungen besonders empfänglich ist und bestimmten Vorstellungen besonderen Nachdruck verleiht; dies bedeutet jedoch nicht, daß man den eigenen Geist oder Körper tatsächlich neu formen kann.

Die *ch'i*-Bahnen im Taoismus und im Buddhismus

Im Taoismus wurden die *ch'i Mai* zuerst von Chuang Tze in einem Kapitel eines seiner Bücher mit dem Titel *Das Nähren des Lebens* beschrieben. In diesem Kapitel empfiehlt er, daß man dem *Tu Mai* als Meridian nachgehen soll, und er behauptet, alle *ch'i*-Bahnen würden im Kopf zusammentreffen. Seither gelten *Tu Mai* und *Jen Mai* als wichtig für die Praxis der Meditation. Die Abbildungen 15.2 – 15.9 zeigen die verschiedenen Bahnen, durch die die Energie im Körper fließt.

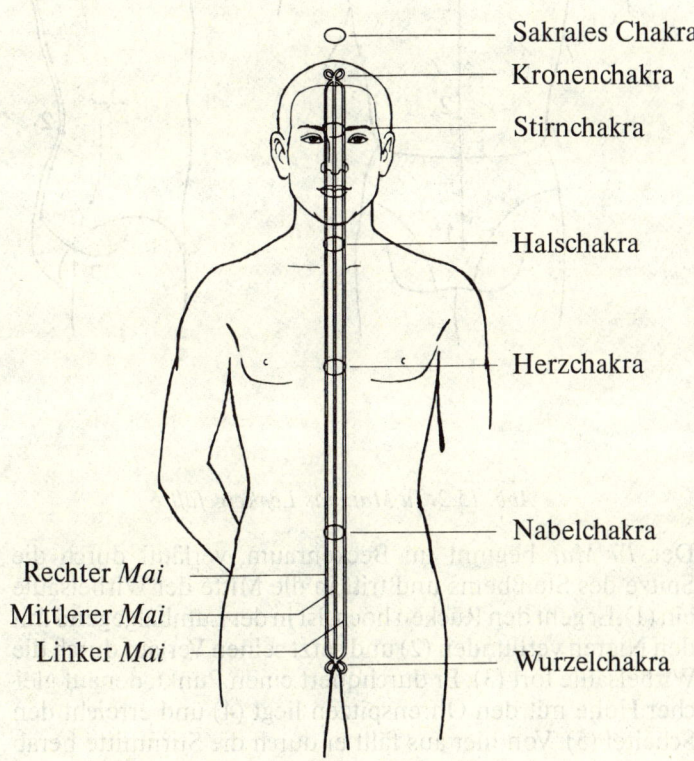

Sakrales Chakra

Kronenchakra

Stirnchakra

Halschakra

Herzchakra

Nabelchakra

Rechter *Mai*

Mittlerer *Mai*

Linker *Mai*

Wurzelchakra

Abb. 15.1. Die sieben Chakras und die drei Mai

87

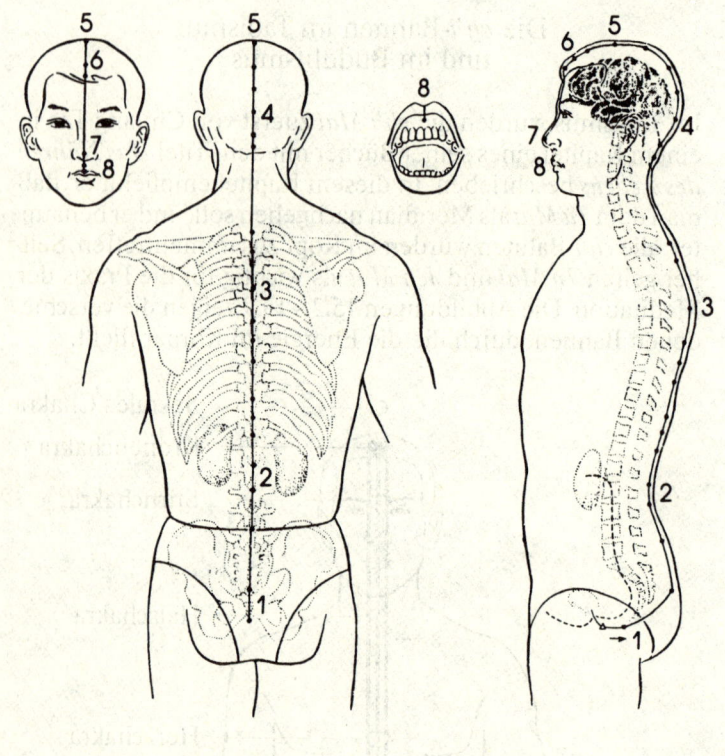

Abb. 15.2. Tu Mai, das Lenkergefäß

Der *Tu Mai* beginnt im Beckenraum, verläuft durch die Spitze des Steißbeins und tritt in die Mitte der Wirbelsäule ein (1). Er geht den Rücken hoch, ist in der Lumbalgegend mit den Nieren verbunden (2) und setzt seinen Verlauf durch die Wirbelsäule fort (3). Er durchquert einen Punkt, der auf gleicher Höhe mit den Ohrenspitzen liegt (4) und erreicht den Scheitel (5). Von hier aus fällt er durch die Stirnmitte herab (6), bewegt sich auf die Nasenspitze zu (7) und endet unter der Scheidewand unter der Oberlippe (8).

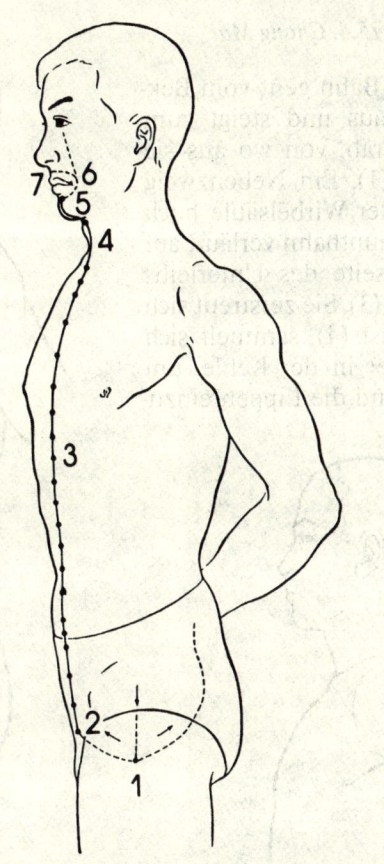

Abb. 15.3. Jen Mai, das Dienergefäß

Der *Jen Mai* hat seinen Ursprung im Damm (1) und verläuft nach oben durch die Schamgegend (2) und an der Mittellinie des Unterleibs und der Brust entlang (3). Er steigt dann über das Brustbein hoch, bis er einen Punkt oberhalb der Kehle erreicht (4). Von hier aus steigt er bis zu einem Punkt knapp unterhalb der Unterlippe (5) und fließt um den Mund (6), bis er an einem Punkt in der Mitte des Zahnfleisches knapp unter der Oberlippe endet (7).

89

Abb. 15.4. Chong Mai

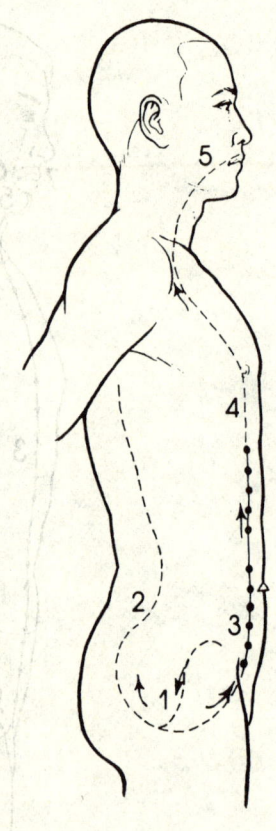

Diese *ch'i*-Bahn geht vom Bekkenraum aus und steigt zum Damm herab, von wo aus sie sich teilt (1). Ein Nebenzweig steigt an der Wirbelsäule hoch (2). Die Hauptbahn verläuft auf der Innenseite des Unterleibs nach oben (3). Sie zerstreut sich in der Brust (4), sammelt sich aber wieder in der Kehle, um anschließend die Lippen einzukreisen (5).

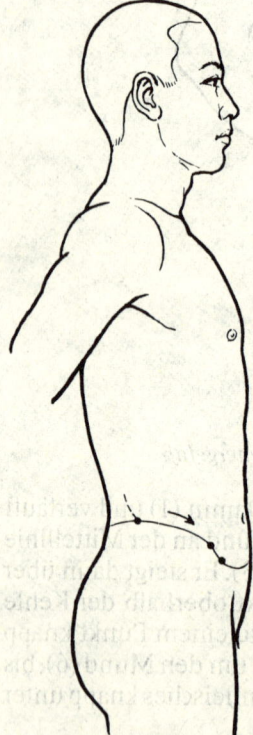

Abb. 15.5. Tai Mai

Diese Bahn umgürtet die Taille auf der Höhe der vierzehnten Wirbel der Wirbelsäule sowie des Bauchnabels auf der Vorderseite des Körpers. *Tai* bedeutet Gürtel, und diese Bahn verläuft auf einer Spur, die die Taille umkreist und die Yin- und Yang-Kanäle verbindet.

Abb. 15.6. Yang Ch'iao Mai

Diese Bahn beginnt auf der Außenseite der Ferse (1) und steigt bis zu einem Punkt unterhalb des äußeren Knöchels (2). Sie verläuft dann am äußeren Rand des Wadenbeins (3) und steigt in einer Linie an der Seite des Oberschenkels bis zur Unterleibswand hoch (4) und dann weiter bis zur Rückseite der Schulter. Sie macht einen Zickzack über die Oberseite der Schulter (6), steigt zum äußeren Mundwinkel hoch (7) und dringt dann tief in den Wangenknochen (8). Von dort aus setzt die Bahn ihren Lauf über den ganzen Schädel fort und endet an der Schädelbasis (9).

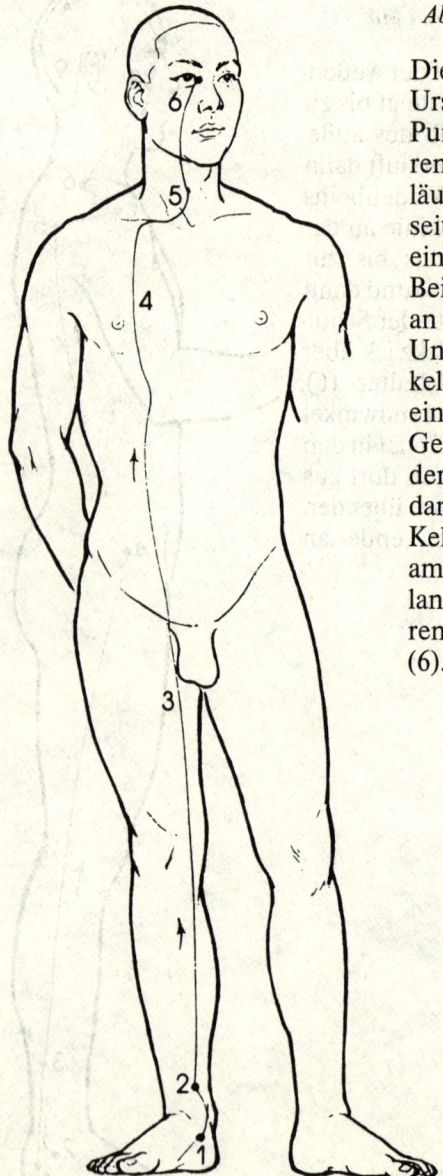

Abb. 15.7. Yin Ch'iao Mai

Diese *ch'i*-Bahn hat ihren Ursprung an einem Punkt unterhalb des inneren Knöchels (1) und verläuft dann um die Innenseite der Fessel bis zu einem Punkt am unteren Bein (2). Sie steigt dann an der Innenseite des Unter- und Oberschenkels hoch (3) und zieht eine Spur zwischen den Geschlechtsorganen und der Brust (4). Sie biegt dann nach innen zur Kehle hin (5) und verläuft am Wangenknochen entlang, bevor sie den inneren Augenwinkel erreicht (6).

Abb. 15.8. Yang Wei Mai

Diese Bahn beginnt an der Seite des Fußes unterhalb des äußeren Knöchels (1). Sie verläuft nach oben an der Außenseite des Beines entlang (2) und kreuzt einen Punkt am Gesäß (3). Sie steigt dann auf einer Spur an der Außenseite des Oberarms (4), überkreuzt die Schulter (5) und bewegt sich am Hals entlang bis zur Seite des Kopfes vor dem Ohr (6). Dann verläuft sie über die Stirn bis zu einem Punkt oberhalb der Augenbraue (7). Von dort kehrt sie wieder zurück und verläuft über den Schädel bis zu einem Punkt hinter dem Ohr (8).

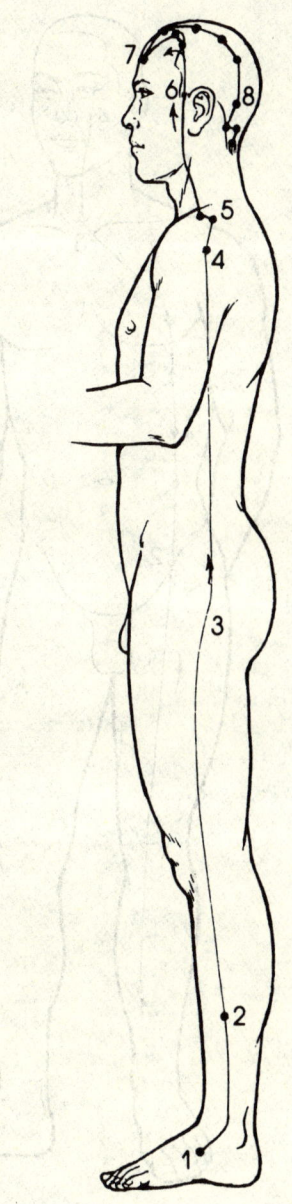

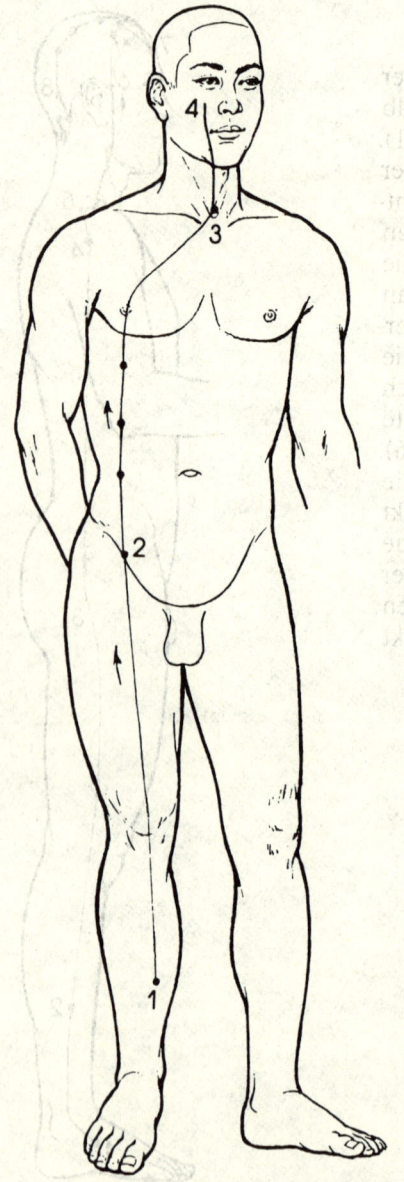

Abb. 15.9. Yin Wei Mei

Diese Bahn beginnt etwa acht Zentimeter oberhalb des Knöchels an der Innenseite der Fessel (1) und steigt an der Innenseite des Schenkels hoch, bis sie einen Punkt im Unterleib erreicht (2). Von dort aus verläuft sie weiter am Unterleib hoch und über die rechte Hälfte der Brust, bevor sie nach innen biegt, den Oberkörper überquert und den Rand der Ausbuchtung des Kehlkopfes erreicht (3). Schließlich steigt sie über Kinn und Wange in Richtung der Stirn hoch (4).

Neben *Jen* und *Tu Mai* als wichtigsten *ch'i*-Bahnen spielen die acht zusätzlichen Meridiane im System der *ch'i*-Bahnen eine wichtige Rolle. Esoterische Lehren aus Tibet, die sich von der alten Tradition herleiten, weichen jedoch grundlegend von taoistischen Methoden ab. Man geht davon aus, daß es im menschlichen Körper drei *Mai* oder *ch'i*-Bahnen gibt: der linke *Mai*, der rechte *Mai* und der mittlere *Mai*. Die tibetanischen Lehren unterscheiden hingegen sieben Chakras im menschlichen Körper: von unten nach oben gesehen, das Wurzelchakra, das Nabelchakra, das Herz-chakra, das Halschakra, das Stirnchakra oder Dritte Auge, das Kronenchakra und, oberhalb vom Kopf, das Sakrale Chakra (vgl. Abb. 15.1).

Die Theorie des *ch'i Mai* im esoterischen Buddhismus sowie im Yoga umfaßt die Funktionen des *ch'i der fünf Elemente* und den *Buddha der fünf Richtungen*, das heißt aufstei-gendes *ch'i*, absteigendes *ch'i*, in der Mitte kreisendes *ch'i*, linksseitlich fließendes *ch'i* und rechtsseitlich fließendes *ch'i*.

Vor den Wei- und Chin-Dynastien legten Taoisten beson-deren Wert auf die Bedeutung dieser fünf Elemente und des *ch'i* der fünf Farben. Sie bedienten sich solcher Ausdrücke wie *roter Spatz* für die Vorderseite des Körpers, *schwarze Schildkröte* für die Rückseite und *blauer Drache* und *weißer Tiger* für die linke und rechte Seite. Diese Ausdrücke bezie-hen sich auf das *ch'i* der fünf Elemente. Seit der Sung-Dyna-stie stützten die Taoisten ihre Theorien der Meditationspra-xis auf den Umgang mit *Jen Mai*, *Tu Mai* und den acht zusätzli-chen Meridianen. Sie betonen von jeher auch die Bedeutung der Funktionen der linken und der rechten *ch'i*-Bahn, das heißt des *blauen Drachens* und des *weißen Tigers*.

Gewinnt man einen Überblick über die erhabeneren Ansichten jeder Schule und zieht man ausgehend von einem breit angelegten Studium, einer sorgfältigen Analyse, tief-gründigem Nachdenken und klarer Erkenntnis einen Ver-gleich, so wird man wissen, daß, wenn man im Verlauf der eigenen Meditationspraxis tatsächlich *Jen Mai* und *Tu Mai* öffnet, man automatisch die Bedeutung des linken und rech-ten sowie des mittleren *Mai* erfahren wird.

Schafft man es nicht, den linken, rechten und mittleren *Mai* zu öffnen, dann wird man unmöglich in den echten *samadhi*-Zustand eintreten können oder das Verdichten von *shen*, das Ansammeln von *ch'i* und anschließend dessen Kultivierung zur Umwandlung in *shen* erleben, um dann in einen Zustand einzutreten, der im Taoismus der *Himmel im Himmel* genannt wird. Mit anderen Worten: Nach dem Öffnen von *Jen Mai* werden sich der rechte und der linke *Mai* des esoterischen Buddhismus ebenfalls automatisch öffnen, und infolgedessen kann das *ch'i* unbehindert kreisen. In diesem Stadium beginnt man, in das Tao einzutreten und über das bloße Praktizieren von Meditationstechniken hinauszugelangen. Man beginnt außerdem, einen Hoffnungsschimmer zu sehen, daß man den übriggebliebenen mittleren *Mai* auch noch wird öffnen können.

Was ist der mittlere *Mai?*

Die Frage nach dem Wesen des mittleren *Mai* ist äußerst interessant. Sowohl die Anhänger des Taoismus als auch die Verfechter des esoterischen Buddhismus fragen sich, ob der mittlere *Mai* eine bestimmte Gestalt hat oder ohne Form ist, und ob es sich beim mittleren *Mai* um *Tu Mai* oder um *Jen Mai* handelt. Manche glauben, daß nur diejenigen, die den esoterischen Buddhismus praktizieren, das Wesen des mittleren *Mai* wirklich begreifen. Sie glauben, daß die alten Taoisten nichts von seiner Existenz wußten, und halten taoistische Meditationspraktiken deshalb für unvollkommen.

Diese Debatten über den mittleren *Mai* beruhen auf einem Mißverständnis: Zwar steht in den taoistischen Büchern aus der Zeit nach der Sung-Dynastie nichts über den mittleren *Mai*, aber die Werke *Huang Ti Nei Ching*, oder *Die klassische Schrift des Gelben Kaisers zur inneren Medizin*, und *Huang Ting Nei Chin Ching, oder Sutra des Gelben Hofs und der Inneren Sicht* aus der Frühzeit des Taoismus enthalten Diskussionen zu diesem Thema.

Im *Nei Ching* wurde die Theorie des mittleren *Mai* (中 脈) dargelegt. Dort hieß er jedoch *Ch'ong Mai* (衝 脈). Im *Huang Ting Nei Chin Ching* wird die Bedeutung des Zentralen oder Mittleren Palastes betont; dort wird nicht soviel Wert auf den mittleren *Mai* gelegt wie im esoterischen Buddhismus und im Yoga.

Hat man dies erst begriffen und befaßt man sich dann mit den Hauptströmungen des Taoismus in der traditionellen chinesischen Kultur, geht deutlich daraus hervor, daß *Tu Mai* und *Jen Mai* nicht als identisch mit dem mittleren *Mai* gelten. Deshalb muß die Existenz des mittleren *Mai* nicht verteidigt werden. Die taoistischen Sutras und Bücher, die während der Sung-Dynastie und später entstanden, scheinen voreingenommen und stellen unter Umständen lediglich die Ansichten ihrer Verfasser dar. So decken sie nicht die gesamte Hauptströmung des Taoismus ab. Diese Tatsache sollte richtig verstanden werden. Hat man nicht wirklich den Zustand erreicht, der von Taoisten mit dem Ausdruck *ch'i* aus dem Mittleren Palast, das in Frieden und Harmonie resultiert, beschrieben wird, und kennt man den Zustand *Wenn mittleres ch'i* harmonisiert ist, wird das *ch'i* auf natürliche Weise stabilisiert und *shen* wird am richtigen Ort verdichtet; Schönheit ist im Innern und fließt nach außen.* Kennt man also diesen Zustand nicht, dann wird die Behauptung, die acht zusätzlichen Meridiane, von denen die Taoisten sprechen, geöffnet zu haben, nichts als leeres Gerede sein. Sonst kann man das tatsächliche Phänomen der Öffnung des mittleren *Mai* nicht wirklich verstehen.

Öffnet ein Mensch die acht zusätzlichen Meridiane, dann wird er den Zustand erlangt haben, den Chuang Tze folgendermaßen beschrieb: *Kein Gefühl von Körper und Gliedmaßen, keine Illusionen, Abschied von der Form und Vergessen der Intelligenz. Dies ist große Kommunikation (oder Kommunikation mit dem ganzen Universum). Dies heißt Sitzen, um zu vergessen.*

---

* Hier wird Bezug genommen auf das Hexagramm Nr. 2 des *I Ching*. Die Textzeilen werden vom Standpunkt der Meditation aus interpretiert.

In diesem Stadium wird die Funktion des mittleren *Mai* eingeleitet. Zuerst fühlt man sich, als ob man nach oben und nach unten mit der Unendlichkeit kommunizieren würde. Ein klarer, leerer Zustand, den man als *kein Stück Wolke in zehntausend Meilen blauen Himmels* bezeichnet, wird ganz von alleine entstehen. Ob es draußen Tag oder Nacht ist, werden die funkelnden Sterne des ganzen Himmelsgewölbes vor den Augen des Meditierenden erscheinen, als ob man die *Amra-Frucht der eigenen Handfläche* betrachten würde, wie es Buddha getan haben soll. In diesem Zustand kann ein Mensch alle Empfindungen und Gefühle, die er unter normalen Umständen hat, und solche irdische Vorstellungen wie das Ich völlig vergessen und jeden Streit darüber, wer recht oder unrecht hat, aus seinem Kopf verbannen.

Wenn man den mittleren *Mai* geöffnet hat, bedeutet das nicht, daß man nun die ganze Frucht des Tao verwirklicht hat. Vielmehr bietet einem das Öffnen des mittleren *Mai* eine echte Gewißheit für das Eintreten in das Tao. Bei dieser unergründlichen und subtilen Grenze angelangt, muß man trotzdem hart und sorgfältig arbeiten, und man wird dabei die Unterweisung eines umsichtigen Meisters brauchen.

Der linke und der rechte *Mai* werden sich vor dem mittleren *Mai* öffnen. Yoga-Atemübungen, die darauf ausgerichtet sind, den linken und den rechten *Mai* zu öffnen, können nicht allein wirken. Menschen, die tatsächlich den linken und den rechten *Mai* öffnen, werden feststellen, daß ihr Hals rund und prall wird. Es ist, als man einen Kragen um den Hals hätte. Ohne dieses Zeichen ist jede Behauptung, den linken und den rechten *Mai* geöffnet zu haben, nichts als leeres Gerede.

Weshalb die *ch'i*-Bahnen vibrieren

In den vorangegangenen Abschnitten wurden der Zusammenhang zwischen der Meditation und den *ch'i Mai*, die Veränderungen in den *ch'i Mai* und die physiologischen Reaktionen und deren Auswirkungen beschrieben. Dabei muß jedoch berücksichtigt werden, daß die physiologischen Reaktionen der *ch'i Mai* nicht gleich sind für alle Menschen, die meditieren.

Warum haben verschiedene Menschen trotz der Ähnlichkeit ihrer menschlichen Körper dennoch unterschiedliche Reaktionen? Liegt es etwa daran, daß verschiedene Meditationstechniken und -methoden sich unterschiedlich auf das *ch'i* auswirken können? Es gibt hierfür zwei Erklärungen.

Erstens reagiert das *ch'i* immer so, daß es stets Schritt für Schritt *Jen* und *Tu Mai* folgt. Vom Standpunkt der Meditation und der Kultivierung des Tao aus gesehen gibt es keine anderen Weg.

Zweitens weisen die *ch'i Mai* Unterschiede hinsichtlich ihrer physiologischen Auswirkungen auf, die von solchen Faktoren wie körperlicher Kraft, Gesundheit, Alter und Geschlecht abhängig sind.

Unterschiedliche Techniken oder Meditationspraktiken können zu unterschiedlichen Ergebnissen führen, aber das ist nicht der Hauptgrund für die unterschiedlichen Reaktionen, die sich bei verschiedenen Menschen einstellen können, und bietet nur eine teilweise Erklärung.

Viele Menschen, die meditieren, erleben Vibrationen im Körper. Dieses innere Vibrieren entwickelt sich oft zu einem äußeren Zittern und Zucken des ganzen Körpers und aller Gliedmaßen; in einem solchen Fall könnte der Meditierende ähnliche Bewegungen ausführen oder Körperhaltungen einnehmen wie im Tai Chi Chuan oder im Yoga. Menschen, die eine Vorliebe für Mystizismus haben, könnten diese Reaktion als etwas wunderbar Mystisches ansehen.

Früher spezialisierten sich manche Leute auf die Praxis des *Himmlischen Boxens*, das ursprünglich infolge dieses Phänomens bei der Meditation entwickelt wurde. Menschen, die diese Art oder eine andere Art des Schattenboxens, *Purzelnde Wolke* genannt, praktizieren, erleben oft schädliche Auswirkungen und Folgen.

Handelt es sich hier tatsächlich um ein mystisches Phänomen? Keineswegs: Es ist vielmehr eine Reaktion, die halb physiologisch, halb psychisch bedingt ist, und selbst der physiologische Teil der Reaktion scheint durch Autosuggestion verursacht zu sein. Treibt sich ein Mensch zu hart an, ist oft nervöse Anspannung die Folge. Diese Anspannung spiegelt sich im Unterbewußtsein wider, das wiederum das erste Zittern der Nerven und Muskeln bewirkt. Diese Hinweise aus dem Unterbewußtsein treten später auf natürliche Weise in das Bewußtsein ein, was dann das Zittern und Zucken verstärkt. Durch diese Autosuggestion im Unterbewußtsein wird ein Mensch oft dazu gebracht, den ganzen Körper in einer Art regelmäßigem Muster zu schütteln und zu bewegen.

Leider können gewöhnliche Menschen nicht immer den Grund für dieses Vibrieren oder Zucken erkennen. Manche haben Angst, sie hätten etwas falsch gemacht, und geben deshalb die Meditation ganz auf. Andere glauben, sie hätten bereits göttliche Mächte erlangt oder das Fundament des Tao erreicht, und lassen diesen Zuckungen und Bewegungen völlig freien Lauf. Außerdem wird das *ch'i* durch diese Zuckungen des Körpers daran gehindert, in seine echten Bahnen von *Jen* und *Tu Mai* zu gelangen, und so strömt es lediglich zwischen den Sehnen und Muskeln. Nur wenige Menschen schauen tief genug nach innen, um festzustellen, daß die Ursache dieser Zuckungen in Wirklichkeit nervöse Anspannung ist, die durch Autosuggestion hervorgerufen wurde.

Betreibt man die Meditation mit dem Ziel, die Gesundheit von Körper und Geist zu erhöhen, oder um *Nei Kung* (ein Training der inneren Organe zur Entwicklung einer unglaublichen Kraft und Ausdauer) zu praktizieren, dann darf man ruhig diese Art von Körperbewegung zulassen. Wer dieses Ziel aber nicht hat, sollte den inneren Geist stillen und Nerven und Muskeln entspannen, um *ein Stockwerk höher* zu gelangen, das heißt, sich zu einer höheren Stufe emporzuschwingen und in einen Zustand der Ruhe einzutreten.

Manche Menschen befassen sich mit der Meditation, weil sie an den Schmerzen von Lungen-, Magen-, Leber-, Nieren- oder Nervenerkrankungen leiden. Solche Menschen können oft spüren, wie das *ch'i* an bestimmten Stellen des Körpers während der Meditation *herumrollt*. Im allgemeinen spüren Menschen, deren Lungen und Nieren geschwächt sind, das *ch'i* oft in bestimmten Mustern an der linken und rechten Seite des Körpers *rollen*. Menschen mit Problemen im Magen- und Darmbereich spüren das *ch'i* oft im Unterleib kreisen. Menschen mit Leber- oder Herzbeschwerden könnten unter Umständen eine Blockade in der Brust oder in der Zwerchfellgegend spüren. Wer eine solche Blockade löst, wird plötzlich eine Art Weite erleben oder sogar eine klebrige Flüssigkeit ausscheiden.

Was passiert nach dem Öffnen der *ch'i*-Bahnen?

Solange man sich an den üblichen Grundsätzen der Meditation hält, werden der *Große Himmelskreislauf* und der *Kleine Himmelskreislauf* des Taoismus regelmäßig geschlossen werden, sofern man *Jen* und *Tu Mai* öffnen kann. Und wie steht es mit den drei *ch'i*-Bahnen und den sieben Chakras des esoterischen Buddhismus? Was passiert, wenn sie alle geöffnet sind und die Kultivierung des Tao in Reichweite des Meditierenden rückt? Diese Frage ist sehr wichtig. Das Öffnen von *Jen* und *Tu Mai* und das Kreisen des *Himmlischen Flußwagens* werden von den Taoisten, die die Meditation mit dem Ziel der Unsterblichkeit praktizieren, für das höchste Geheimnis gehalten.

Oft glauben Adepten, das Kreisen des Flußwagens sei das Allerwichtigste, und dabei vergessen sie, die wichtigste Frage zu stellen, nämlich wie oft das *ch'i* kreisen soll. Man muß sich darüber im klaren sein, daß bei der Kultivierung des Tao das Kreisen des Flußwagens und das Öffnen der acht zusätzlichen Meridiane nicht die höchsten Ziele darstellen. Streng genommen wirken sich das Kreisen des Flußwagens und das Fließen von *ch'i* in den acht zusätzlichen Meridianen positiv auf die Gesundheit und Verjüngung des Menschen aus, aber hinsichtlich der Kultivierung und Erlangung des Tao stellen sie lediglich das Fundament dar.

Nachdem der Flußwagen zu kreisen beginnt und das *ch'i* eine gewisse Zeit in den acht zusätzlichen Meridianen strömt, wird das *ch'i* zum richtigen Zeitpunkt automatisch aufhören zu kreisen. Das *ch'i* kreist nicht mehr aufgrund seiner Fülle.

Der Körper wird sich allmählich leicht, klar, warm und weich fühlen, und man erreicht einen Zustand, in dem man *den Körper und die Leere des Selbst vergißt.* Erst jetzt wird man sich plötzlich nach innen kehren und die Fülle und Erleuchtung des Ursprungs der Natur und des Lebens erkennen. Man kann sich tatsächlich vom späteren himmlischen Leib, der Form und Gestalt besitzt, trennen und sich wieder vereinigen und dann dieses ursprüngliche Wesen wieder mit diesem späteren himmlischen Leib (oder *Ofen*) und dem Geist (oder *Kessel*) verbinden, um die Kultivierung fortzusetzen. In dieser Weise kann man sich entweder von diesem Leib und diesem Geist trennen oder sich mit ihnen vereinigen und so eine solide Grundlage für die Kultivierung des Tao errichten. In diesem Stadium kann man mit Recht behaupten, die *erste Frucht* zu genießen.

Das Stadium und der Zustand, die man nach dem Kreisen des Flußwagens und dem Strömen des *ch'i* erreicht, wurde für ein mystisches und himmlisches Geheimnis gehalten und hat deshalb in taoistischen Büchern und Sutras keine Erwähnung gefunden. *Die Sterne des Alls hören auf zu kreisen, Sonne und Mond sind vereinigt.* Mit diesen Worten hat man die Beendigung des Kreisens des *ch'i* und die Klarheit und Leere von Körper und Geist beschrieben. In späteren Epochen verstanden Schüler die Bedeutung dieser Worte nicht und wurden verwirrt, weil sie nicht wußten, was sie glauben sollen. Es erscheint paradox, daß die Weisen des Altertums, die eine gewisse Stufe des Könnens erreicht hatten, anderen Menschen helfen und gleichzeitig alles geheimhalten wollten.

In taoistischen Büchern findet sich keine explizite Beschreibung der Trennung und erneuten Vereinigung zwischen ursprünglicher Natur und Körper. Es wurden höchstens Ausdrücke wie *wieder in den Ofen und den Kessel eintreten* oder *Chi'en* (☰) und *K'un* (☷) neu organisieren als vage Bilder und Anspielungen benutzt. Auch hier war die typische Ausrede für solche Verschleierungen, daß die Wissenden eine Bestrafung vom Himmel befürchteten, falls sie das Geheimnis lüfteten. Der Himmel hat jedoch die Tugend, dem Leben behilflich zu sein. Selbst wenn ein Mensch vom Himmel dafür bestraft würde, daß er die Güte wertschätzt und kultiviert, sollte er es dennoch wagen, anderen zu helfen. Ist ein Mensch nicht andernfalls als selbstsüchtig zu bezeichnen?

Es gibt nur wenige, die es fertigbringen, den Flußwagen wirklich kreisen zu lassen und das *ch'i* in die acht zusätzlichen Meridiane zu lenken. Es gibt noch weniger Menschen, die den Zustand der Trennung und Wiedervereinigung von Körper, Geist und dem ursprünglichen Wesen wirklich begreifen. Das bedeutet, daß, auch wenn man gewillt ist, diese Dinge zu lehren, Schüler mit der Fähigkeit, diese erhabene Lehre zu empfangen, äußerst selten sind. Nach diesem Stadium gelangt ein Mensch jenseits der irdischen Dinge und tritt in das Reich des Metaphysischen ein. Auch wenn ein Lehrer dies ausführlich beschreiben wollte, wäre ein Schüler mit der nötigen Weisheit und Erfahrung, um diese Unterweisung in Dinge jenseits des Bereichs der menschlichen Welt begreifen zu können, eine große Ausnahme.

Gründe für die Praxis der Meditation

Bei den meisten Menschen ist die Motivation zur Praxis der Meditation auf drei Gründe zurückzuführen: religiöse Gefühle, mystische Bestrebungen oder der Wunsch nach langem Leben und guter Gesundheit. Alle drei dieser Motivationen liegen innerhalb der Sphäre der Meditation. Ein Mensch wird meist auch von der taoistischen Vorstellung der Kultivierung der Unsterblichkeit beeinflußt, ganz gleich, welcher Art seine vordergründige Motivation sein mag.

Der wichtigste Grundsatz der Unsterblichkeit nach taoistischer Auffassung ist, daß *der menschliche Körper von sich aus über die Medikamente verfügt, um sich selbst zu heilen.* In diesem Zusammenhang ist Medikament nicht nur im konkreten, materiellen Sinne zu verstehen. Der Theorie der Unsterblichkeit zufolge ist ein Medikament im materiellen Sinne ein *äußerliches goldenes Tan. Tan* ist das, was ein Mensch einnehmen könnte, um zu einem Unsterblichen zu werden; und es stimmt, daß für manche Menschen in einem bestimmten Stadium ihrer Meditationspraxis ein äußerliches goldenes *Tan* eine notwendige Unterstützung sein könnte.

Der Taoismus betont jedoch die Kultivierung vom *inneren goldenen Tan*. Hier fallen mir viele Kaiser und prominente Persönlichkeiten der chinesischen Geschichte ein, die Unsterbliche werden wollten. Eine Reihe von ihnen nahmen äußerliche Mittel ein, von denen sie hofften, daß sie ihnen Langlebigkeit schenken würden, die sie aber statt dessen vergifteten.

Die *Tan Sutras*, die verschiedene Methoden zur Erlangung der Unsterblichkeit erforschen, machen die Verwirrung nur noch größer, da keine von ihnen eine Definition von *Tan* enthält.

Die Theorie von *ching, ch'i* und *shen*

Während der Ming-Dynastie und auch später war die Theorie der Umwandlung von *ching* in *ch'i*, der Umwandlung von *ch'i* in *shen* und der Umwandlung von *shen* in Leere sehr beliebt unter denen, die Meditation praktizierten und die Unsterblichkeit kultivierten. Ebenfalls beliebt war der Satz: *Den leeren Raum auflösen, um in den Zustand des großen goldenen Unsterblichen einzutreten.* Deshalb halten die meisten Menschen das *ching* im menschlichen Körper für die *Mutter des goldenen Tan*. Durch Ausdrücke wie *ching, in Fülle halten, um die Harmonie zu sichern* und *ching beibehalten, um ch'i zu kultivieren,* wurde die Umwandlung von *ching* als die Grundlage der Langlebigkeit und Unsterblichkeit unterstrichen. Die Schulen von Wu Chong Hsu und Liu Hwa Yang entwickelten ihre Lehren aus diesen Vorstellungen heraus und gingen davon aus, daß diese Gedanken das eigentliche Fundament der Unsterblichkeit seien.

Am Ende der Ch'ing-Dynastie und zu Beginn der Republik China griff ein buddhistischer Meister die Taoisten aufs heftigste an wegen ihres angeblichen untugendhaften Benehmens und beschimpfte sie als Kinder des Teufels. Diese

Attacke war nicht nur gänzlich unrealistisch, sondern sie lief auch den bescheidenen Lehren des Buddhismus zuwider über den *Menschen, der schwört, unendliche Varianten des Dharma zu erlernen*. Ob man Anhänger des Taoismus oder des Buddhismus ist: Solange ein reiner Geist und geringes Verlangen den Ausgangspunkt bilden, zeigt man gutes Verhalten im Sinne der Vinaya-Schule. Wer diesen Grundsatz anzweifelt und für böse hält, verletzt die große Tugend des Buddhismus, der zehntausend Phänomene umfaßt.

Seit der Ch'ing-Dynastie bezeichnen buddhistische Mönche nächtliche Samenergüsse als *Absickern des Tan*. Sie charakterisieren Menschen, die lange sitzen und sich niemals hinlegen, als *ohne Herausströmen oder Absickern des Tan*. Sie gehen davon aus, daß das Nicht-Absickern von *ching* die Grundlage für *sila* bildet. (Eine der Bedeutungen des chinesischen Wortes *ching* ist *Sperma*, während *sila* sexuelle Enthaltsamkeit bedeutet.) Der wesentliche Punkt hier ist ein richtiges Verständnis des echten *ching* und der Beziehung zwischen Sperma, Ovum und *ching* in Verbindung mit der Umwandlung von *ching* in *ch'i*.

Dritter Teil

Die Kultivierung von
ching, ch'i und *shen*

Zeitlicher Ablauf und Stadien des Kultivierens

Seit der Ming-Dynastie ist die Lehre über die Reihenfolge der Schritte, wie man durch die Kultivierung des Tao zum Unsterblichen wird, aufgrund der Befürwortung durch die Wu Liu-Schule sehr beliebt geworden. Sie entspricht der Lehre der drei Stadien des Kultivierens.

Es wird gesagt, daß das *Auftragen des Fundaments in hundert Tagen* das erste für die Umwandlung von *ching* in *ch'i* erforderliche Stadium sei und daß eine *zehn Monate währende Schwangerschaft* das nötige Vorstadium zur Umwandlung von *ch'i* in *shen* darstellt. *Dreijähriges Säugen* ist der Anfang der Umwandlung von *shen* in Leere. *Neun Jahre lang mit dem Gesicht zur Wand sitzen* ist schließlich der letzte Schritt, der erforderlich ist, um die Leere aufzubrechen.*

Manche Menschen vergleichen diese Lehre mit den Kultivierungsmethoden des esoterischen Buddhismus. Dies läßt sich vielleicht auch nachweisen. Die oben erwähnte Reihenfolge hat Ähnlichkeit mit der, die Milorepa während seiner Kultivierung des Tao erlebte. Deshalb ist diese Reihenfolge im Herzen des Volkes tief verwurzelt. Sie läßt sich auch nachweisen durch Aussagen, die auf Erfahrungswerten beruhen, wie zum Beispiel: Wenn *ching* voll ist, hat man kein Verlangen nach Geschlechtsverkehr; wenn *ch'i* voll ist, hat man kein Verlangen nach Essen; wenn *shen* voll ist, hat man kein Verlangen nach Schlaf. So werden die tatsächlichen Auswirkungen der drei Stadien der Umwandlung hingestellt.

Seit der Ming-Dynastie gehen von zehn Menschen acht oder gar neun immer davon aus, daß die Arbeit an *ching* und

---

* Dieser Ausdruck stammt vom ersten Zen-Patriarchen Bodi-Dharma, der im Shau Lin-Tempel neun Jahre lang mit dem Gesicht zur Wand meditierte.)

ch'i den Ausgangspunkt bilde. Ein paar taoistische Techniken, die denen der Wu Liu-Schule unterlegen sind, erlangten auch große Beliebtheit. Ihre Anhänger übten Druck auf bestimmte Akupunktur-Punkte aus und bedienten sich bestimmter Methoden der Massage, nur um den eigenen Geist zu amüsieren, und betrachten diese Praktiken als das höchste Geheimnis, mit dem man das sexuelle Begehren restlos ausrotten könne. Dazu kann man nur bemerken: Welch verzerrte Sichtweise!

Das Phänomen des *ching*

Die moderne Medizin hat erstaunliche Fortschritte gemacht, die sich nicht mit den selbstgefälligen Ansichten der alten Medizin vergleichen lassen. Es gibt heutzutage Zweige der Medizin, die sich auf die Erforschung von *ch'i*, Blut und Geist spezialisiert haben. Wir sollten uns nicht gegen neues Wissen sperren und uns blind den alten Lehren verschreiben, noch sollten wir diesem neuen Wissen ganz trauen und die alten Theorien völlig vergessen. Im Gegensatz zu den uralten chinesischen Lehren, die arrogant behaupteten, ein Problem sei ein für allemal gelöst, schreitet die Wissenschaft mit unsicheren Schritten voran.

Ching in der traditionellen taoistischen Heilkunst

Menschen, die zum Zwecke der Langlebigkeit und Verjüngung meditieren, sowie Menschen, die die uralte Heilkunst der Chinesen praktizieren, betrachten *ching*, wie es im menschlichen Körper vorkommt, als den wesentlichsten Bestandteil des Lebens. – Man darf nicht vergessen, daß eine der Bedeutungen von *ching* Sperma ist. – Die taoistischen Methoden zur Erreichung der Unsterblichkeit gehen davon aus, daß die Umwandlung des *ching* den Hauptweg der Kultivierung darstellt. Der Großvater aller Texte der chinesischen Heilkunst, *Die klassische Schrift des Gelben Kaisers zur inneren Medizin*, setzt voraus, daß die Kultivierung von *ching* die grundlegende Methode *zur Förderung von Leben und Langlebigkeit* und *zur Vermeidung von Krankheit und Verlängerung des Lebens* darstelle. Dort heißt es: *Zwei Geister rollen übereinander und verbinden sich, um die Gestalt hervorzubringen. Das, was vor dem Körper geboren wurde, wird ching genannt. Außerdem steht dort Folgendes: Sammelt man im Winter kein ching, so wird man im Frühling krank. Sammelt man im Sommer kein ching, so wird man im Herbst an einem Darmleiden erkranken. Dies zeigt die Bedeutung von ching für das Nähren des Lebens.*

Diese Vorstellung entwickelten die Taoisten weiter in ihren Methoden zur Erlangung der Unsterblichkeit, die die Erneuerung des Gehirns durch die Rückkehr des *ching* als Grundvoraussetzung zur Langlebigkeit und Verjüngung betonten. Wie man aber vorgehen soll, um das Gehirn durch die Rückkehr des *ching* zu erneuern, sowie das Wesen des *ching* wurden nie geklärt; darüber gibt es zahlreiche Theorien.

Ching in der modernen Medizin

Die Theorien der modernen Medizin über Ejakulation und Geschlechtsverkehr sind das genaue Gegenteil der taoistischen Theorien. Laut der modernen Medizin sollte ein normaler Erwachsener in bestimmten Abständen einen Samenerguß haben, und es gilt als schädlich, wenn ein Mann seine sexuellen Reaktionen unterdrückt und den Samenerguß zu meiden versucht.

Das Erzeugen von Sperma und Ova im menschlichen Körper ist ein natürliches Phänomen. Der westlichen Medizin zufolge muß jemand, der glaubt, die Unterdrückung des Samenergußes könne die Gesundheit verbessern und die Langlebigkeit fördern, an Illusionen leiden, die aus einem anomalen Sexualleben oder seltsamen geistigen Verfassungen hervorgehen. Solche Behauptungen, so glaubt man, seien nichts als einfältige Lügen.

Diese Theorien fußen auf den Lehren der Physiologie, Sexualpsychologie, Neurologie und Biochemie, aber wenngleich sie zahlreiche Hinweise liefern, ermöglichen sie keine endgültigen Schlußfolgerungen. Es gilt jedoch als unmöglich, daß ein reiner und einfacher Mann unter Umständen niemals einen Samenerguß haben könnte oder ein Leben führen könnte, das gesünder und länger ist als das der meisten Menschen. Im Gegenteil: Menschen, die den Samenerguß meiden, leiden oft wegen anomaler sexueller und geistiger Verfassungen an Melancholie und sterben an einem Gehirnschlag oder Krebs. Deshalb sind vom Standpunkt der modernen Medizin aus gesehen alle Theorien, die das *Erneuern des Gehirns durch die Rückkehr des ching* zwecks eines längeren Lebens sowie *die Umwandlung von ching* in *ch'i* verfechten, blanker Unsinn.

Linkes Tao der Seitentür oder heterodoxer Taoismus

Neben der Hauptströmung der taoistischen Heilkunst gibt es einige Schulen, die von der *Schule der reinen Kultivierung* abweichen, die verlangt, daß die Meditation nicht über den Geschlechtsverkehr erfolgen soll. Diese anderen Schulen betrachten die Erneuerung des Gehirns durch die Zurücklenkung des *ching* und die Umwandlung von *ching* in *ch'i* als unumstößliche Grundsätze. Damit man zur Erneuerung des Gehirns *das ching* zurücklenken kann, sind bestimmte spezielle, wenn auch normale Techniken des Geschlechtsverkehrs erforderlich. Hier findet der Satz im Kommentar zum *I Ching*, *Ein Yin und ein Yang werden Tao genannt* Anwendung, und die Bedeutung wird oft gedehnt, um durch eine blumenreiche Sprache zur Meditation über den Geschlechtsverkehr Menschen zu beeinflußen.

Während der Tang-Dynastie und auch seither hat es für Männer mit Ehefrauen sogenannte Methoden des *Taoisten, der im Feuer lebt,* gegeben. Tantristische Praktiken der sexuellen Meditation aus dem esoterischen Buddhismus waren in Tibet und der Mongolei weit verbreitet. Die Methoden an diesen beiden Orten sind sich sehr ähnlich.

Medizinische Lehren vom sexuellen Verhalten verbreiteten sich im geheimen unter dem Volk. Bücher wie das *Sutra der gewöhnlichen Frau des Gelben Kaisers* und *Die Geheimnisse des Jade-Schlafzimmers*, eine Art Sexualpsychologie, wurden geheim gehalten. Außerdem gibt es jetzt auch Leute, die anderen beibringen, wie sie auf bestimmte Akupunktur-Punkte drücken können, um den Verlust von Samen einzudämmen. Menschen, die diese Techniken erlernen, werden oft impotent, aber man meint, sie hätten durch das Tao das Verlangen nach geschlechtlicher Vereinigung besiegt. Manche dieser Menschen erkranken am Magen, spucken Blut, leiden an Nasenbluten, Schlaganfällen oder Wahnsinn. Menschen, die durch das Unterdrücken von Samenergüssen ihr Blut verunreinigen, werden meist dünn, und ihre Gesichtshaut bekommt eine gelbe Färbung. Sie mögen ihre Lebensfreude verlieren, aber verglichen mit den wirklich schlimmen Fällen können sich solche Menschen glücklich schätzen. Dennoch stimmen die Lehren dieser taoistischen Schriften in bezug auf Samenerguß, Samenverlust und Methoden einer Lebensführung im Einklang mit der eigenen Lebenskraft, Vitalität und dem eigenen Alter mit den Ergebnissen der modernen medizinischen Forschung überein.

Die alten Meister sagten: *Auch wenn es ein kleines Tao ist, ist es dennoch nicht zu verachten.* Aus der Perspektive einer breit angelegten Erforschung und sorgfältigen Erwägens gesehen, ist eine Seitentür dennoch eine Tür, und linkes Tao, das heißt ein Abweichen vom Tao, ist auch Tao. Diese Tatsache kann man nicht ignorieren oder von der Hand weisen.

Echtes *ching* erkennen

Sind die Lehren, die das Erneuern des Gehirns durch die Zurücklenkung des *ching* befürworten und die Umwandlung von *ching* in *ch'i* betonen, nichts als eitle Phantasien? Hier muß man die Theorien der alten und neuen Lehren des Taoismus und der modernen Medizin verstehen und dann zwecks Diskussion zu diesen Theorien zurückkehren. Das ist die beste Vorgehensweise.

Im Taoismus wird primäres *ching* als *die ursprüngliche und natürliche Vitalität des Lebens* definiert. Laotses Beschreibung eines männlichen Kleinkindes bietet uns die beste Erklärung. Er sagt: *Keinen Geschlechtsverkehr zwischen Mann und Frau kennen und trotzdem eine Erektion haben, das ist das Erheben des ching.* Wenn ein wachsendes männliches Kleinkind schläft, sind ihm zum Beispiel absolut keine sexuellen Wünsche bewußt, aber es kann trotzdem eine Erektion haben. Dies illustriert die Verteilung des ursprünglichen *ching*, der Vitalität, und dessen Funktion beim Wachstum.

Sobald ein Kind vom Geschlechtsverkehr weiß und ihn begehrt, kann eine Erektion zu geistigen Zuständen des sexuellen Verlangens führen, und sexuelle Wünsche können eine Erektion hervorrufen. Geist und Körper beeinflussen sich gegenseitig. Sexuelles Verlangen wird entweder vom Geist oder vom Körper ausgelöst. Die Stimulierung von sexuellen Wünschen zeitigt Reaktionen in den Drüsen und Hormonen. Durch die gegenseitige Beeinflussung von Körper und Geist werden durch innere Aussonderungen Reaktionen in den Hoden und in der Gebärmutter stimuliert, die wiederum Sperma oder Ova erzeugen. Der Geschlechtsverkehr endet in der Ejakulation und im Orgasmus.

Wenn wir diese Prinzipien gründlich verstehen, wissen wir, daß die Erneuerung des Gehirns durch das Zurücklenken von *ching* und die Umwandlung von *ching* in *ch'i* in einer geistigen Verfassung praktiziert werden sollte, die nicht das geringste sexuelle Verlangen aufweist; dennoch funktionieren die sexuellen Organe instinktiv wie im Falle einer Erektion. Solange man aber einen wirklich reinen Geist behalten kann und keinerlei sexuellen Wünschen erliegt, wird sich das *ching* auf natürliche Weise abkühlen und sich dem Kreisen des Blutes anschließen. Man kann auf ganz natürliche Weise einen Zustand des Zurücklenkens, ohne zurückzulenken, und des Erneuerns, ohne zu erneuern, erreichen.

Läßt ein Mensch Aktivität in den Geschlechtsorganen entsprechend zu, so daß sein Verlangen entzündet wird, so entfacht sich in den Drüsen, Hormonen und im Samen eine entsprechende Aktivität. Falls man in diesem Augenblick Kontrolle ausüben möchte und das *ching* bewahren oder durch geistige und körperliche Anstrengungen zurücklenken, wird man viele Schlacken im Harntrakt, in der Blase und im Blut in Umlauf bringen und die Funktion der Prostata beeinträchtigen und deren Belastung verstärken. Was noch schlimmer ist: es könnte sich ernsthaft auf Herz, Lungen, Leber, Nerven und Gehirn auswirken. In taoistischen Sutras und Büchern wird es empfohlen, zwischen den *sauberen und trüben Ursprüngen des Wassers* zu unterscheiden. Dies bezieht sich auf den Unterschied zwischen dem tatsächlichen Zurücklenken des *ching* und dem oben beschriebenen Phänomen.

Von allen Männern, die Meditation und das Tao pflegen, können nur sehr wenige eine Erektion haben, ohne das geringste Verlangen zu spüren. Unter solchen Bedingungen könnte ein Mann zufällig die Abwesenheit von Begierde spüren, doch wegen des Druckes, der durch die körperlichen Reaktionen auf seinen Geist ausgeübt wird, ist es sehr schwer, einen reinen Geist zu bewahren.

Von der Perspektive des *Auftragens eines Fundamentes in hundert Tagen* und des *Umwandelns von ching* in ch'i aus gesehen, ist es schade, daß so viele Menschen das Tao kultivieren, wie es Haare auf einem Ochsen gibt, während diejenigen, die es wirklich erreichen, soviele sind wie die Hörner auf einem *Lin*. (Ein *Lin* ist ein fabelhaftes weibliches Tier, das Ähnlichkeit mit einem Reh aufweist. *Hörner auf einem Lin* beschreibt etwas sehr Seltenes, da ein *Lin* keine Hörner hat.)

Wenn es einem Menschen aufgrund von hohem Alter, Krankheit oder Impotenz an sexuellem Verlangen mangelt oder seine Sexualdrüsen aufgrund der Praxis des *linken Taos der Seitentür* nicht mehr fähig sind, sich zu regenerieren, dann hat dieser Mensch seine Vorräte an sich erneuernder Lebenskraft bereits aufgebraucht, und sofern er seine Lebenskraft nicht in der richtigen Weise wieder erneuert, bestehen keine Aussichten auf eine weitere Kultivierung.

Wir haben *ching* und *ch'i* nach den Grundsätzen einer physiologischen Sichtweise erklärt, die ganz und gar nicht subtil ist. Wer den Wunsch hat, weiter vorzudringen und den Ursprüngen von *ching* und *ch'i* auf den Grund zu gehen, sollte den Geist-*ching* des Buddhismus erforschen, da dies zur Entdeckung der Prinzipien des echten *ching* im höchsten *Tan Dharma*, dem *Dharma* der Unsterblichkeit, führen kann.

Die Umwandlung von *ching* in *ch'i*

Um die wirkliche Bedeutung der Umwandlung von *ching* in *ch'i* zu begreifen, müssen wir für die Beziehungen zwischen den Ausdrücken *ching shen, ching ch'i, ching*-Kraft und Geist-Kraft aufmerksam sein. In der traditionellen chinesischen Kultur waren die Substantive *ching, ch'i* und *shen* ursprünglich völlig eigenständig und voneinander getrennt. In späteren Epochen verschmolzen *ching* und *shen* zu einem Substantiv. Es ist schwierig, *ching shen* ganz klar zu definieren.

Während der Han-Dynastie und auch später bezeichneten die Taoisten *ching, ch'i* und *shen* als die wichtigsten Bestandteile des Medikamentes zur Erlangung der Unsterblichkeit. Dies beruhte auf der *Klassischen Schrift des Gelben Kaisers zur inneren Medizin* und dem *Huang Ting Ching* oder dem *Sutra des Gelben Hofs*. Im *Huang Ting Ching* heißt es, die drei wichtigsten Medikamente seien *shen, ch'i* und *ching*. Das war, noch bevor *ching, ch'i* und *shen* eine besondere Rolle erlangten im Hinblick auf die Kultivierung der Unsterblichkeit. Es ist schwierig, *ching, ch'i* und *shen* richtig zu definieren, aber sie können mit *Wärme, Kraft* und *Licht* verglichen werden. *Ching* ist die *Wärme* des Lebens, *ch'i* die Kraft und *shen* das Licht. Wenn Wärme, Kraft und Licht im Leben eines Menschen fehlen, so ist es gleichbedeutend mit dem Tod.

Wie die materiellen Phänomene des Universums sind *ching, ch'i* und *shen* im menschlichen Leben voneinander getrennt, aber nach und nach verschmelzen sie sich zu einem Ganzen. *Shen* funktioniert im Gehirn; *ch'i* funktioniert in der Brust und im Magen; *ching* funktioniert im Unterleib, in den Nieren und in den Geschlechtsorganen. Die Funktion des *ching* ist eng mit dem ganzen endokrinen System der modernen Medizin verwandt. Wenn man aber darüber nachdenkt, daß *ch'i* von *ching* getrennt werden und *shen* aus *ch'i* erzeugt werden muß, dann erkennt man, daß es sich um eine armselige Theorie handelt.

Vom Standpunkt der Physik aus werden Wärme und Kraft durch Licht erzeugt. Analog dazu gehen *ching* und *ch'i* zweifellos aus *shen* hervor. Bei wahnsinnigen Menschen haben *ching* und *ch'i* eine natürliche Tendenz, schwach ausgeprägt zu sein.

Man sollte wissen, daß die Empfindung des *Orgasmus der Glückseligkeit* vom *ching* kommt; Entschlossenheit und Willensstärke kommen von der Aktivität der *ch'i*-Kraft, wenn sie voll ist, und die Wendigkeit der ausgesprochenen geistigen Schärfe und Weisheit entsteht aus der Stille oder dem *samadhi* des *shen*.

Der Buddhismus betont die Kultivierung des Geistes und das Nähren der eigenen Natur. Er verspricht, die geistige Stufe eines Menschen durch Reflexion zu verwandeln. Das ist der Ausgangspunkt. Die Auswirkungen und und Errungenschaften von Buddhisten entsprechen den zwei Arten von *ch'i* und *shen*, vergleichbar mit dem höchsten *Tan Dharma* oder den Methoden, die von jenen angewandt werden, die taoistische Unsterbliche werden wollen. Buddhisten fügen die Kultivierung des *ching* von innen hinzu.

In der Sung-Dynastie und danach betonten Taoisten die Reihenfolge der Umwandlung von *ching* in *ch'i*, der Umwandlung von *ch'i* in *shen* und der Umwandlung von *shen* in Leere. Diese Methoden sind vergleichbar mit den drei großen Grundsätzen des Buddhismus: Disziplin (oder das Einhalten von *sila*), Kultivierung von *samadhi* (oder Stille) und Weisheit. Wer deren Inhalte meistert, wird feststellen, daß es zwischen diesen Formen von Taoismus und Buddhismus keinen Unterschied gibt.

Wir wissen, daß, falls ein Mensch darauf besteht, daß Sperma und Ova die Grundlage für die Kultivierung des Tao und die Meditation bilden, er dieses Problem ausführlich untersuchen sollte. Diese Vorstellungen und Methoden werden jedoch für Menschen, deren Körper bereits schwach und abgebaut sind oder die vom mittleren ins hohe Alter gewechselt haben, eine andere Bedeutung haben. Das Kultivieren des Tao und die Meditation erfordern Weisheit. Man schafft es nicht, die Kultivierung von Anfang bis Ende durchzuziehen, wenn man an blindem Glauben oder hartnäckigen Vorurteilen festhält.

Das menschliche Leben ist eine Verbindung aus Geist und Körper. Die wichtigsten Aktivitäten des Körpers sind *ching* und *ch'i*, die zum Bereich der Gefühle gehören. Die wichtigste Aktivität des Geistes gehört zum Reich der Wahrnehmung und des Bewußtseins, also des *shen*.

Wir haben uns mit den physiologischen Reaktionen des Körpers, das heißt mit der Dynamik der *ch'i*-Bahnen befaßt. All das gehört der Sphäre des Gefühls an. Gefühl bedeutet späteres Paradies, einem ständigen Wandel unterworfen. Die erste Errungenschaft der Kultivierung beginnt mit dem Gefühl und kehrt zum Gefühl und zur Wahrnehmung zurück und tritt dann in einen Zustand der Vereinigung ein. Es gibt keine Möglichkeit, das Tao ohne das Gefühl zu pflegen.

Jeder sollte verstehen, daß das Öffnen von *Jen* und *Tu Mai* sowie aller acht zusätzlicher Meridiane Auswirkungen der Errungenschaften des Gefühls darstellen. Im Verlauf der Umwandlung von *ching* in *ch'i* gibt es Reaktionen von den geöffneten *ch'i*-Bahnen, und diese Reaktionen unterscheiden sich so grundlegend voneinander wie die *Kung Fu*-Stellungen.* Im Verlauf der Umwandlung von *ch'i* in *shen* gibt es auch Reaktionen, ausgehend von den geöffneten *ch'i*-Bahnen, die sich von jenen unterscheiden, die während der Umwandlung von *ching* in *ch'i* stattfinden. Seit Urzeiten heißt es in der *Tan Sutra: Neun Kreisungen vom Tan* aus. In späteren Zeiten wurde der Sinn dieses Satzes von einigen Menschen soweit ausgedehnt, daß er die Reaktionen der *ch'i*-Bahnen umfaßte. Sie beschrieben, wie man das *ch'i* um *Jen* und *Tu Mai* kreisen lassen sollte, um die Zahl neunmal neun zu ergeben. Auch wenn es etwas weit hergeholt klingt, könnte

---

* In diesem Zusammenhang ist mit *Kung Fu* nicht das äußere Kung Fu, eine Kampfsportart, gemeint, sondern das innere Kung Fu. *Inneres Kung Fu* beinhaltet verschiedene Meditationstechniken wie zum Beispiel verschiedene Stellungen, Atemübungen und das Lenken von Energie.

man sich dieser Vorstellung bedienen, um die dreifache Kultivierung von *ching, ch'i* und *shen* zu beschreiben, die Schritt für Schritt inneren Veränderungen unterworfen sind. Dies läßt sich nicht bestreiten.

Um den *Kung Fu* der Umwandlung von *ching* in *ch'i* erkennen zu können, sollte man das Wesen des echten *ching* begreifen, die Funktion der späteren himmlischen *ching*-Kraft nicht gänzlich zurückweisen und die späteren himmlischen Sperma und Ova, welche die absoluten Repräsentanten des *ching* sind, nicht falsch bestimmen. Die spätere himmlische *ching*-Kraft ist tatsächlich eine Manifestierung des echten *ching*. Mit anderen Worten: Der Ursprung einer neuen Lebenskraft steht in absoluter Beziehung zur Schilddrüse, zur Hirnanhangdrüse und zu den Sexualdrüsen.

Wenn die Sexualdrüsen aktiv sind und man dennoch nicht das geringste sexuelle Verlangen verspürt, ist man in dem Augenblick dem echten *ching* sehr nahe. Falls dieser Zustand eine Zeitlang beibehalten werden kann, wird auf natürliche Weise eine Kraft erzeugt, die sich aufgrund der Anregung durch die Aktivität der Sexualdrüsen zur Wurzel der Nerven an der Basis der Wirbelsäule hin bewegen wird. Diese Kraft wird stufenweise hochsteigen, bis sie von oben wieder herabsteigt, um die sich erneuernde Funktion der Hirnanhangdrüse anzuregen. Die Speicheldrüse wird ebenfalls angeregt, was die Aktivität der Schilddrüse vergrößert. Im Herzen, in der Brust und im Geist wird man ein freudiges, offenes Gefühl verspüren. Dieses Erlebnis der Glückseligkeit läßt sich nur schwer beschreiben.

Diese Phänomene sind charakteristisch für einen Zustand im Verlauf der Umwandlung von *ching* in *ch'i* am *Tu Mai*. Das Erlangen des Tao endet jedoch nicht hier. Bei einem Mann des praktischen *Kung Fu* werden sich alle Zellen des Körpers verändern, und seine Haut wird zart und hell werden. Dieser Effekt ist in den Zellen und Muskeln des Gesichtes am deutlichsten. Prüft man das Gesicht eines solchen Mannes sehr genau, so wird man ein undeutliches Leuchten erkennen. Ein solches Leuchten ist jedoch ein zweischneidiges Schwert: Falls die Zellen der Gesichtsmuskeln keine offensichtliche

Veränderung aufweisen und der betreffende Mensch ein rotes Gesicht zeigt, könnte es auch ein Hinweis auf erhöhten Blutdruck sein. Dies könnte auf starke Bindungen im Geist, die *Wanderungen des Hilfsfeuers* oder sexuelles Verlangen zurückzuführen sein.

Das Öffnen des *Jen Mai*, wozu auch das Öffnen des autonomen Nervensystems gehört, erfolgt möglicherweise, nachdem der Schüler alle im folgenden beschriebenen Erlebnisse verarbeitet hat. Ein Gefühl der Fülle des Magen-*ch'i* im Mittleren Palast wird ein Gefühl des Sich-Senkens hervorrufen. Wenn ein Mann in diesem Stadium den Geist reinigen und ruhig auf spontane Kontraktionen in den Hoden und im Damm warten kann oder eine Frau Kontraktionen in der Gebärmutter und Reaktionen in den Brüsten spüren kann, wird er beziehungsweise sie sich so fühlen, als ob eine Kraftlinie sich durch die Innenseite des Schambeins zum unteren *Tan Tien* hochschieben und dort dem *ch'i* begegnen würde, das vom Mittleren Palast herabsteigt. Dies wird die *Jugenddrüse*, das heißt den unteren Bauch, plötzlich aktivieren, und ein alles erschütternder Orgasmus, der den sexuellen Orgasmus übertrifft, wird daraus erfolgen. Dieser Orgasmus wird an der Innenseite der Beine und Füße entlang fließen und die Fußsohlen und Zehen erreichen. In diesem Augenblick sind die Glückseligkeit und Freude mit denen vergleichbar, die man spürt, wenn man einen guten alten Wein trinkt. Man wird sich sehr locker und entspannt fühlen. Das ist wirklich der erste Schritt der Umwandlung von *ching* in *ch'i*.

Je nach Geschlecht, Alter, körperlicher Kraft und Naturell wird es bei verschiedenen Menschen viele Veränderungen und Reaktionen geben. In diesem Stadium des *Kung Fu* kann der *Kung Fu* infolge irgendeines unvorhergesehenen Ereignisses jederzeit verlorengehen. Falls der Schüler nicht umsichtig ist, sich nicht ausreichend schützt oder es nicht schafft, Weisheit zu entwickeln, wird alles so enden, als ob das Ganze lediglich ein interessantes Spiel gewesen wäre.

Die Umwandlung von *ching* in *ch'i* ist ein Schritt im *Kung Fu*, der den Knoten der *Jugenddrüse* löst. Wegen einer solch unbedeutenden Errungenschaft sollte aber niemand selbstgefällig werden. Diese Situationen gehören alle dem Bereich des Gefühls an und stellen höchstens einen Beweis für die Auswirkungen der Verarbeitung von *Kung Fu* dar. Bevor man zum Tao gelangt, hat man noch einen weiten Weg vor sich. Wenn man dieses Stadium erreicht, gibt es dennoch nichts mehr, was einer Verjüngung und einem langen Leben ohne Krankheit im Wege stehen würde.

Das Kultivieren von *ch'i* und das Anhalten des Atems

Wir haben oben die Umwandlung von *ching* in *ch'i* beschrieben und wenden uns nun der Umwandlung von *ch'i* in *shen* zu. *Ching* kann durch die Kultivierung in *ch'i* umgewandelt werden; aber wie können wir *ch'i* in *shen* verwandeln? Diese Gedanken klingen faszinierend, aber es bleiben noch viele Probleme zu lösen. (Einige dieser Probleme werden in den folgenden Kapiteln erörtert.)

Ching ist nicht nur mit Sperma gleichzusetzen, und *ch'i* nicht nur mit der Luft, die wir atmen. Eine wirksame Kultivierung besteht im Einsatz des *ch'i* im Atem, um das echte *ch'i* zu entfachen, das im menschlichen Körper schlummert. Es ist besonders schwer, den Begriff *echtes ch'i* so zu definieren, daß ausländische Freunde ihn gut verstehen können. In westlichen Ländern neigt man dazu, *ch'i* mit *prana* und Kundalinikraft gleichzusetzen. Diese Begriffe bedeuten jedoch nicht genau das gleiche wie das echte *ch'i* im *samadhi* des Taoismus. Es gibt zwar viele Ähnlichkeiten, aber gleichzeitig gibt es zwischen dem indischen und dem chinesischen Begriff auch Unterschiede. Die Vorstellung der modernen Wissenschaft von der *Lebensenergie* des menschlichen Körpers kommt der Bedeutung des echten *ch'i* etwas näher als die indische Vorstellung des *prana*.

Solange verschiedene Empfindungen im Verlauf der Meditation beobachtet werden können, neigen viele Schüler zum Glauben, sie hätten bereits die Umwandlung von *ching* in *ch'i* erreicht. Falls diese Empfindungen sich an der Wirbelsäule

entlang ausbreiten oder in der Brust- oder Bauchgegend auf-
tauchen, glauben Schüler meist, daß das *ch'i* sich am *Tu Mai*
entlang bewegt und er bereits *Jen* und *Tu Mai* geöffnet hat.
Solange man gesund ist oder nur an wenig ernsthaften Krankheiten leidet, kann man in einer bestimmten Haltung lange
meditieren und irgendwann diese Empfindungen beobachten. Es handelt sich aber keinesfalls um die echten Auswirkungen der Umwandlung von *ching* in *ch'i*. Diese Empfindungen sind positive Auswirkungen der Meditation, aber der
Schüler hat seinen Geist möglicherweise noch nicht ausreichend kultiviert, um ein festes Fundament für die tatsächliche Umwandlung von *ching* in *ch'i* zu errichten.

Wunder und Geheimnis des Atems

An dieser Stelle muß das Phänomen des spontanen Anhaltens des Atems während der Meditation erörtert werden,
damit man das Phänomen der Umwandlung von *ching* in *ch'i*
genau charakterisieren kann.

Chih Hsi ist ein spontanes Anhalten des Atems während
der Meditation. In den vier *dhyana* und den acht Konzentra-
tionen der buddhistischen Meditation wird dies als das
Anhalten des ch'i bezeichnet. Das ist der echte *Kung Fu* des
eingefangenen ch'i aus der Yoga-Praxis. Menschen, die Yoga
praktizieren, üben meist verschiedene Methoden der Kontrolle und des Anhaltens des Atems, aber das ist nicht die
höchste Stufe, die man erreichen kann. *Eingefangenes ch'i* ist
das spontane Aufhören des Atems während der Meditation,
was die esoterischen Buddhisten als *Schatzflaschen-ch'i*
bezeichnen.

Während der Meditation kann der Praktizierende oft beobachten, wie der Atem von allein anhält. Wenn der Grund
dafür eine zu starke geistige Konzentration ist, fühlt man sich
steif und starr, und die Anspannung im Körper vergrößert
sich zunehmend. Dies führt zum Anhalten des Atems, aber
es handelt sich hier nicht um echtes *Chih Hsi* oder einen echten Fall des *Anhaltens von ch'i*, sondern vielmehr um nervöse

Anspannung. Falls man sich unter solchen Umständen nicht entspannen und zu einem natürlichen Zustand zurückkehren kann, wird der Geist effektiv verwelken und absterben. Setzt sich dieser Zustand über längere Zeit fort, wird der Betreffende irgendwann Steifheit in jedem Gelenk spüren. Es handelt sich hier um eine Krankheit. Man kann sich nur heilen, indem man den Geist und den Körper so gut wie möglich entspannt. Außerdem kann man die Spannung durch langsames, wiederholtes Ausatmen lösen. Es empfiehlt sich, die Luft sehr langsam auszustoßen und dabei ein leicht stöhnendes Geräusch, in etwa *Haaaaaa*, von sich zu geben. Dies sollte man solange wiederholen, bis man wieder normal atmet, wie jemand, der schläft. Wenn man diese Übung eine kurze Zeit durchführt, wird man zu einer höheren Stufe beziehungsweise *ein Stockwerk höher* gelangen können. Es gibt Menschen, die trotzdem steif bleiben, auch wenn sie sich ernsthaft um Entspannung bemühen. Diese werden möglicherweise eine besondere Unterweisung im esoterischen Buddhismus oder Taoismus benötigen.

Jemand, der tatsächlich voll *ching*-Kraft, im Geist und im Körper ruhig und still geworden ist, der angefangen hat, in das Stadium der Umwandlung von *ching* in *ch'i* einzutreten, dem wird als erstes auffallen, daß sein ganzer Körper weich und zart geworden ist und der Kraft zu entbehren scheint. Dringt man weiter vor, so wird man den Eindruck haben, keine Knochen zu besitzen. Hier füllt das *ch'i* den Körper und verbreitet sich in ihm ohne die geringste körperliche Empfindung.

Laotse fragte einmal: *Kannst du dich auf ch'i konzentrieren und weich und zart wie ein Baby sein?* Seine Frage bezieht sich auf den gleichen Zustand, den Mencius beschrieb, als er sagte: *Das Gesicht ist leuchtend, der Rücken (Tu Mai) ist offen und die Glieder sind fließend.*

In diesem Zustand vergißt ein Mensch jede geistige Wahrnehmung oder körperliche Empfindung und fühlt sich, als ob er mit dem Universum verschmelzen würde. Man wird den Zustand von *Hung Tung*, in taoistischen Sutras beschrieben, erleben, und die Worte Chuang Tzes, denen zufolge es kein

123

Gefühl im Körper und absolut keine Illusionen im Geist gebe, können bestätigt werden. Diese Worte werden mehr als bloß ein leeres Ideal sein.

Beim Erreichen von *samadhi* und beim Ausharren in dieser Ruhe wird man spüren, wie der Atem, der durch die Nasenlöcher strömt, immer ruhiger wird, bis der Atemfluß zu den Lungen hin fast aufhört. Der *Tan Tien*, der im unteren Bauch unterhalb des Bauchnabels sitzt, wird beginnen, wie die Lungen zu arbeiten. Das ist das innere Atmen oder das Phänomen *Tai Hsi*. *Tai* bedeutet Embryo, *Hsi* bedeutet Atem; und so bezieht sich *Tai Hsi* auf das Atmen eines Embryos.

Die Speiseröhre und der ganze Bereich von den Bronchien bis zur Zungenspitze wird sich locker, entspannt und behaglich fühlen, wenn die inneren Organe voll *ch'i* sind. Gleichzeitig wird das innere Atmen des *Tan Tien* schwächer werden und zum Stillstand kommen. Die Jugenddrüse, die bis jetzt schlummerte, wird reaktiviert, und man wird wie ein Kind, ohne Begierde oder Leidenschaft. Dies wird einen unvergleichlich starken Orgasmus auslösen. Die Hoden werden sich zusammenziehen und das *ch'i* wird durch den *Jen Mai* hochströmen und die Zungenspitze veranlassen, sich zum Zäpfchen hochzuwölben. Wenn der Atem auf diese Weise spontan aussetzt, ist das der Beginn der Umwandlung von *ching* in *ch'i*.

Das Verändern der Temperamente und die Zyklen des *ch'i*

In diesem Kapitel werde ich den konfuzianischen Begriff *Ch'i Chih* oder das Verändern des Temperaments erörtern. Das Verändern des Temperaments ist die augenscheinlichste Errungenschaft der Menschen, die nach Wissen streben. Wer es versteht, sein Wissen in die Kultivierung wieder einfließen zu lassen, wird völlig ruhig werden und andere Menschen gerecht behandeln. Er wird mit anderen Menschen und ihren Angelegenheiten in einer Weise umgehen können, die persönliche Gefühle außer acht läßt.

Diese Art der Kultivierung setzt am geistigen Verhalten an und gehört zum *Kung Fu* der geistigen Kultivierung. In diesem Zusammenhang weist *Ch'i* auf die eigene Erscheinung, oder wie man zu sein scheint, hin, während *Chih* Materie oder Substanz bedeutet. Wenn es heißt, daß *Chih* sich verändert, stellt ein Mensch dabei nicht nur sein geistiges Verhalten, sondern auch seine körperlichen Funktionen und Prozesse um. Ohne die Kultivierung des Körpers, die erforderlich ist, um einen Zustand zu erreichen, in dem *ch'i* ruhig und *shen* leicht ist, ist das Verändern des Temperaments eher ein ideologischer Spruch als praktischer *Kung Fu.*

Die Meditationstechniken der buddhistischen *Tien Tai*-Schule, wie zum Beispiel *Folge dem Atem, zähle den Atem, beobachte den Atem,* die taoistische Ansicht, der zufolge Geist und Körper gegenseitig voneinander abhängig sind, die vielen Techniken des *ch'i kung* sowie einige der weiter oben beschriebenen Techniken hängen sehr eng mit der Umwandlung von *ching* in *ch'i* und der Umwandlung von *ch'i* in *shen* zusammen.

Die Theorien über die *ch'i*-Bahnen im menschlichen Körper, die in den *Tan Sutras* und Büchern über Meditation beschrieben werden, beruhen meist auf den allgemeinen medizinischen Prinzipien, die in der *Klassischen Schrift des Gelben Kaisers zur inneren Medizin* und im *Nan Sutra* enthalten sind. Diese beiden Bücher erklären das Fließen des *ch'i* und die Aktivitäten der *ch'i*-Bahnen in abstrakten Begriffen. Seit Urzeiten bis hin zur Gegenwart sind viele Menschen, die das Tao kultivieren und Meditation praktizieren, begeisterte Anhänger dieser altertümlichen Theorien. Sie halten sie für vollkommen und verschwenden deshalb viel kostbare Zeit und viel Energie damit, sich mit einem abstrakten anstatt mit einem praktischen *Kung Fu* zu beschäftigen.

Die Wissenschaften des Altertums bedienten sich oft der abstrakten Zahlentheorie der Astrologie und des *I Ching.* Viele *Tan Sutras* und taoistische Bücher klärten die Funktionen der *ch'i*-Bahnen unter Bezugnahme auf die fünf Zustände, die sechs *ch'i,* die dreihundertundsechzig Grad des Himmelsgewölbes und der vierundsechzig Hexagramme des

I Ching. Infolgedessen bemühten sich die Menschen noch nach Jahrhunderten, ihr Leben nach diesen altertümlichen Theorien auszurichten. Diese Zahlentheorien sind nicht nur vage, sondern sie führen moderne Forscher oft in die Irre.

Zum Beispiel hieß es in der Astrologie des Altertums, das Himmelsgewölbe umfasse dreihundertfünfundsechzig und ein Viertel Grad; die Sonne kreise einmal am Tag um die Erde und bewege sich um einen Grad weiter; ein Jahr bestehe aus 365 Tagen und 25 *Ke*. Nach der alten chinesischen Zeitmessung entspricht ein Tag hundert *Ke*. Die Sonne braucht ein Jahr, um den Himmel zu überqueren. Alle vier Jahre sammelt sich ein zusätzlicher Tag an. Da der menschliche Körper eine Miniatur von Himmel und Erde ist, sollte die Zahl der Bewegungen der *ch'i*-Bahnen auch diesen Regeln entsprechen.

Diesen alten Theorien zufolge *bewegt sich der Puls um drei ts'un* (etwa drei Zentimeter) bei der Einatmung und um drei *ts'un* bei der Ausatmung. In einem Atemzug bewegt sich der Puls um sechs *ts'un*. In einem Tag und einer Nacht atmet ein Mann 13,500mal. So kreist der Puls fünfzigmal im Körper. Man könnte auch sagen, daß *der Puls sich während 270 Atemzügen in einem einzigen Zyklus um 36 chang* (etwas mehr als drei Meter) und zwei *ch'ih* (etwas mehr als 30 Zentimeter) vorwärtsbewegt. Fünfzig Zyklen im Körper werden aus 13,500 Atemzügen zusammengesetzt sein, während der Puls sich um etwa 811 *chang* weiterbewegen wird.

Menschen, die das Tao kultivieren oder Meditation betreiben, führen oft ihre Atemübungen nach den Grundsätzen dieser Theorien aus. Eigentlich ist die Methode der Zeitmessung, die im Altertum verwendet wurde, nicht vollkommen präzise. Die Zahlen, auf denen diese Theorien beruhen, sollten in Frage gestellt und nicht einfach als gegeben hingenommen werden. Der modernen Medizin zufolge atmet der Mensch im Durchschnitt achtzehnmal pro Minute; der durchschnittliche Pulsschlag ist zweiundsiebzigmal pro Minute, also viermal so oft wie die Atmung. Die Zahl der Atemzüge eines durchschnittlichen Menschen beläuft sich auf 25,920mal pro Tag – das ist genau die Zahl der Jahre in einem Großen Sternenjahr. Ein Großes Sternenjahr ist der Zeitraum, der erforderlich ist, damit alle Planeten des Sonnensystems wieder zu ihrer ursprünglichen Ausgangsposition zurückgelangen.

Ch'i kultivieren und den Geist stillen

Wenn Geist und Körper in einem Zustand der absoluten Ruhe verharren, gibt es keine innere Störung durch Gedanken, Illusionen, Sorgen, Kummer, Traurigkeit oder Aufregung. Sofern er keinem äußeren Zwang unterliegt, zu arbeiten oder sich zu bewegen, wird ein Mensch ein- und ausatmen, ganz natürlich und ohne Schwindelgefühle, Schläfrigkeit, mentales Chaos oder geistige Verwirrung. Nach einem Tag und einer Nacht erlangen die gesamte Körperenergie und Lebenskraft auf natürliche Weise wieder ihren ursprünglichen Zustand der Fülle, vergleichbar mit der Rückkehr der Planeten zu ihren ursprünglichen Ausgangspositionen während der Großen Sternenzyklen des Sonnensystems.

In diesem Zustand der Fülle hält der Atem automatisch eine kurze Zeit an, ein Hinweis darauf, daß Atem und *ch'i* den Sättigungspunkt erreicht haben. Schafft man es, in diesem Zustand der Fülle mit echter Ruhe und geistiger Stille auszuharren, so gelangt man zum Punkt der Umwandlung von *ching* in *ch'i* und von *ch'i* in *shen*. Es ist schade, daß so viele Menschen, die das Tao kultivieren und die Meditation pflegen, dieses Prinzip nicht kennen.

Die meisten Menschen halten an den alten Theorien des *Tan Sutra* und der alten taoistischen Bücher fest, und ausgehend von ihren eigenen aufgeblähten, oft fehlerhaften Meinungen arbeiten sie oft Tag und Nacht daran, *das Alte auszuatmen und das Neue einzuatmen.* Sie glauben, sie würden damit am *Kung Fu* der Umwandlung arbeiten. Welch ein Jammer! *Rang und Reichtum sind Träumen gleich. Es gibt keinen Unsterblichen, der nicht dafür hart gearbeitet hätte.*

Ich glaube aufrichtig, daß das Durchführen von Atemübungen und *ch'i kung* nicht soviel Nutzen bringen wie das

Stillen des Geistes. Indem er den Geist stillt, kann ein Mensch einen Zustand erlangen, der es ihm ermöglicht, zu den Wurzeln seines ursprünglichen Wesens vorzudringen, um die Transformation des Lebens zu bewirken. (Es gibt etliche Atem- und *ch'i kung*-Übungen, die sich positiv auf die Gesundheit des Menschen auswirken, aber es wäre ein weiteres Buch nötig, um diese ausführlich zu besprechen.)

Drei Blumen und fünf *ch'i*

Welche Art von *ch'i* ist an der Umwandlung von *ching* in *ch'i* beteiligt? Das chinesische Wort für *Schlaganfall* bedeutet wörtlich *vom Wind umgestoßen*. Ist das *ch'i* im *ch'i*-Blut der chinesischen Heilkunst und der *Wind* eines Schlaganfalls das gleiche wie das *ch'i* der Taoisten, oder handelt es sich um etwas anderes? Diese Frage ist sehr wichtig.

Seit der Han-Dynastie wurde der Wind im Sinne eines Luftzugs sowie das *ch'i* der menschlichen Atmung in der chinesischen Heilkunst meist für ein- und dasselbe gehalten. Im vorhergehenden Abschnitt wurde *ch'i* als Lebensenergie definiert, aber diejenigen, die meditieren und Langlebigkeit anstreben, sollten nicht annehmen, daß die Luft der Atmosphäre und das *ch'i* der menschlichen Atmung mit dem *ch'i* des Taoismus und des esoterischen Buddhismus übereinstimmen würden. Sonst könnte man die Reaktionen der Nerven und Muskeln mit dem Kreisen des echten *ch'i* verwechseln und infolgedessen auf die Sphäre der körperlichen Empfindungen und Gefühle beschränkt sein.

Geht man davon aus, daß die einzigen Errungenschaften, die durch die Kultivierung des *ch'i* möglich sind, mit der Atmung und der Physiologie zu tun haben, kann man daraus folgern, daß es im Taoismus, Buddhismus und esoterischen Yoga Dutzende, wenn nicht gar Hunderte von Methoden geben muß. Man könnte meinen, diese Methoden müßten sich so stark ähneln, daß sie sich nur in Einzelheiten unterscheiden würden. Es kann nicht bestritten werden, daß die menschliche Atmung durch Mund, Nase, Haut und andere

Organe das wichtigste Werkzeug der Kultivierung ist, aber wir sollten dies nicht irrtümlicherweise mit der Essenz der Meditation, dem Nähren des Lebens oder dem taoistischen *Tan Dharma* verwechseln.

Wir sollten unsere Aufmerksamkeit auf zwei beliebte taoistische Ausdrücke richten, um die Phänomene, die die erfolgreiche Umwandlung von *ching* in *ch'i* begleiten, vorhersehen zu können. Sie lauten wie folgt: *Drei Blumen versammeln sich oben* und *fünf ch'i gehen zum Yuan. Drei Blumen* und *fünf ch'i* sind symbolische Ausdrücke. *Ching, ch'i* und *shen* sind die drei Blumen; Herz, Leber, Milz, Lungen und Nieren sind die fünf *ch'i*, obwohl manchmal auch die Symbolsprache der fünf chinesischen Elemente – Metall, Holz, Wasser, Feuer und Erde – verwendet wird.

Im indischen Yoga gibt es fünf *prana*: aufsteigendes *prana*, absteigendes *prana*, mittleres fließendes *prana*, links fließendes *prana* und rechts fließendes *prana*. Die fünf *prana* sind mit den fünf *ch'i*, von denen die Taoisten sprechen, identisch. Oben ist *Baihui*, die Stelle am Scheitel, wo der obere Pol der Ohren mit dem Mittelpunkt der Sagittalnaht zusammentrifft. Im Taoismus wird dieser Punkt der *Nirwana-Palast* genannt, und er ist mit dem Kronenchakra und dem Sakralen Chakra des esoterischen Buddhismus verwandt.

Es gibt hingegen viele verschiedene Ansichten in bezug auf das Wesen des *Yuan*. Manche Menschen halten *Yuan* für den Ort des *Kuan Yuan*-Akupunkturpunktes, ein Punkt etwa fünf Zentimeter unterhalb des Bauchnabels, der den Namen *unterer Tan Tien* trägt. Andere glauben, daß *Yuan* dem *Huei Yin*, dem Damm entspricht, der in den Systemen des esoterischen Buddhismus und Yoga als *Hai Ti* (wörtlich: der Meeresboden) bezeichnet wird. Sofern kein echter Unsterblicher auftaucht und in dieser Sachlage Klarheit schafft, gibt es keinen einfachen Weg, wie wir diesen Streit beilegen und die Kontroverse lösen könnten. In der chinesischen Philologie bezieht sich *Yuan* aber auf das Phänomen am Ursprung oder an der Quelle, und diese Auslegung kann empirisch bestätigt werden.

Wenn man *fünf ch'i gehen zu Yuan ch'i* sagt, meint man damit, daß das *ch'i* des Gedärmes zum Ursprung, das heißt zu seiner Ausgangsposition zurückkehrt. Es wird ganz, ausgeglichen und harmonisiert und ist nicht blockiert.

Als erstes möchte ich den Ausdruck *Fünf Blumen sammeln sich oben* erklären. Wenn die acht zusätzlichen Meridiane geöffnet und frei sind und ein Mensch in seiner Meditationspraxis zum Stadium der Verwandlung von *ching* in *ch'i* vorgedrungen ist, vergißt er nach und nach seine körperlichen Empfindungen. Der Körper scheint zu existieren und gleichzeitig nicht zu existieren. Die einzigen Empfindungen, die man zu diesem Zeitpunkt wahrnimmt, sind solche, denen Reaktionen im Kopf zugrunde liegen. Die Ruhe ruft selbstreflektierende Visionen hervor; das heißt, das Geistauge schießt nach innen anstatt nach außen; man tritt plötzlich in einen Zustand der Selbstvergessenheit ein. Der *Baihui*-Punkt (das heißt der Scheitel des Kopfes) fühlt sich an, als ob es ein hohes Fenster wäre, durch das die Sonne hereinscheinen würde; es fühlt sich sowohl offen und klar als auch unvergleichlich kühl und angenehm an. Es ist, als ob ein kühler Luftstrom herabgestiegen wäre und den ganzen Körper durchdrungen hätte. Dieses Phänomen wird im taoistischen Text *T'i Hu Kuang Ting* beschrieben. (*T'i Hu* ist geklärte Butter, und *Kuang Ting* ist das Besprengen des Kopfes mit Wasser bei der Taufe.)

Leider begreifen viele Menschen diese Theorie nicht wirklich und hegen vage Vorstellungen. Falls man die geringste Illusion hat, ein starkes religiöses Bewußtsein besitzt oder unbewußt an irgendeiner Ideologie festhält, könnte man in diesem Stadium eine Astralreise erleben. Erlebnisse, die mystisch erscheinen, werden in Verbindung mit anderen Illusionen auftreten; aber solchen Phänomenen sollte nicht nachgegeben werden, damit man keine Rückschläge erleidet und zu höheren Stufen fortschreiten kann.

Zweitens will ich das Phänomen *Fünf ch'i gehen zu Yuan* erklären. Der Meditierende wird spüren, wie sein Atem, den Atem des unteren *Tan Tien* eingeschlossen, plötzlich anhält, sobald oder kurz nachdem die *drei Blumen sich oben gesammelt haben*. Der ganze Körper wird dann weich wie Watte, und man fühlt sich ohne die *Atmung des späteren Himmels* ange-

130

nehm warm und behaglich. Geist und Körper, Innen und Außen, Himmel und Erde und alles weitere scheint im eigenen Zentrum zu ruhen oder eine neutrale Position einzunehmen; es handelt sich um einen Zustand, der von absolutem Frieden und Harmonie gekennzeichnet ist. Man wird sich nicht mehr des eigenen Körpers bewußt sein oder dessen Existenz oder Nicht-Existenz wahrnehmen. Alltägliche Gedanken und Gefühle verschwinden spurlos.

Ein Mensch, der diesen Zustand einmal erlebt, ist wie eine blinde Katze, die eine tote Maus erwischt, weil sie durch Zufall darauf gestoßen ist. Das Fundament wurde noch nicht gelegt. Um von diesem Stadium zur Umwandlung von *ch'i* in *shen* fortzuschreiten, muß der Mensch über das Reich der Meditation hinaus gelangen und mit dem Tao eins werden.

Meditation und die Kultivierung von *shen*

Über das Wesen des *shen*

Um jenseits der Meditation zu den Grenzen des Tao vorzudringen, sollte man einige der Vorstellungen verstehen, die in der chinesischen Heilkunst, im Taoismus und in Tan Tao in Verbindung mit *shen* benutzt werden. Tan Tao ist die Schule des Taoismus, die sich mit den Unsterblichen und der Unsterblichkeit befaßt.

In den Worten des Kommentars zum *I Ching: Shen* hat keine Richtung und keine Gestalt ... Das, was nicht durch *yin* und *yang* gemessen werden kann, heißt *shen*.

In der *Klassischen Schrift des Gelben Kaisers zur Inneren Medizin* heißt es: *Ach, shen.* Sein Geräusch kann nicht mit dem Ohr vernommen werden. Wenn das Auge hell und der Geist offen und aufmerksam ist, wird *shen* enthüllt. Es kann nicht mit Worten beschrieben werden; nur das Bewußtsein spiegelt alles Sichtbare wider. Manchmal leuchtet es am Rand des Gesichtskreises auf, und wenn die Aufmerksamkeit nachläßt, verschwindet es gänzlich. Doch *shen* erleuchtet alle

Dinge, und wenn es klar wird, ist es, als ob der Wind die Wolken hinweggefegt hätte. Deshalb heißt es *shen*.

Su Ma Chin, ein berühmter Historiker der Han-Dynastie, und sein Sohn, Su Ma Tan, definierten die taoistische Vorstellung von *shen* wie folgt: *Die erste ursprüngliche Kraft, die menschliches Leben erzeugt, ist shen*, und das Leben ist auf Form angewiesen . . . *Shen* ist der Ursprung des Lebens, und Form ist seine äußere Hülse . . . *Shen* verwendet *ch'i*; *ch'i* nimmt Form an . . . Wer kann ohne die Intelligenz und die Weisheit eines Heiligen das *ch'i* des Universums erfassen und es schöpferisch einsetzen?

Das *Sutra des Gelben Hofs*, das während der Han- und Wei-Dynastien erschien, brachte *shen* mit jedem einzelnen Organ des menschlichen Körpers in Verbindung. In jedem Organ und jeder Zelle existiert ein *shen*. In Anbetracht all dessen sollte es klar sein, daß das *shen* von Tan Tao nicht nur eine religiöse Vorstellung ist, sondern darüber hinaus auch eng mit den biologischen Wissenschaften verbunden ist.

Ch'i in *shen* umwandeln

Nachdem man die Zustände *Drei Blumen sammeln sich oben* und *Fünf ch'i gehen zum Yuan* erreicht hat, wird man auf natürliche Weise in die Phase der Kultivierung des *shen* eintreten. Da die Umwandlung von *ch'i* in *shen* sehr viel subtiler ist als die Umwandlung von *ching* in *ch'i*, könnte man in diesem Stadium der Meditation leicht auf Irrwege geraten. Der Prozeß der Umwandlung von *ch'i* in *shen* geht meist mit dem Auftreten von geistigen Zuständen und psychologischen Prozessen einher, die starke Ähnlichkeit haben mit Neurosen, Psychosen und so weiter. Deshalb besteht die Gefahr, das man irgendeine Form von Psychose mit einer übernatürlichen Macht verwechseln könnte, und die unverdiente Selbstgefälligkeit wegen dieser vermeintlichen Errungenschaft könnte einen letztendlich ins Verderbnis stürzen. Man sollte sich jedoch deswegen nicht übertrieben sorgen oder ängstigen. Es ist vielmehr wichtig zu wissen, daß die Möglichkeit existiert, damit man unterscheiden kann zwischen neurotischen oder psychotischen Zuständen und den geistigen Fähigkeiten, die mit der Umwandlung von *ch'i* in *shen* einhergehen. Es sollte keine Schwierigkeit sein, Probleme zu vermeiden, da man bei zunehmenden Fortschritten in der Meditation ganz von allein dazu neigen wird, die richtige Art von Weisheit zu kultivieren.

Die Weisheit des Tao wird durch das Vollbringen guter Taten und die Praxis von Tugend kultiviert. Da die Samen der Weisheit des Tao nicht gepflanzt werden können, wenn man nicht gute Taten vollbracht und Tugend erlangt hat, werden solche Menschen, die anderen nicht helfen und ausschließlich aus eigennützigen Gründen meditieren, nichts weiter als ein bißchen zusätzliches Wissen erlangt haben.

Es gibt nur sehr wenige, die dieses Stadium der Umwandlung von *ch'i* in *shen* tatsächlich erreichen. In Büchern über den Buddhismus und in taoistischen Sutras wird diese Phase der Meditationspraxis oft in Anlehnung an Rätsel oder andere undurchsichtige Aussagen besprochen. Die Vorstellung scheint die zu sein, daß man das Phänomen nicht klar beschreiben muß, da man davon ausgeht, daß eine Gottheit erscheint, um Meditierende, die diese Ebene der Meisterschaft erreichen, weiter zu unterweisen.

Um die Diskussion der Auswirkungen der Meditation auf die Psyche hier zu einem Abschluß zu bringen, wird es eine Hilfe sein, einige Fragen darüber zu beantworten, was während der Umwandlung von *ch'i* in *shen* passieren kann.

Welche Zeichen weisen auf den Beginn der Umwandlung von *ch'i* in *shen* hin? Ein Mensch, der während der Meditation tatsächlich in die Zustände von *Drei Blumen versammeln sich oben* und *Fünf ch'i gehen zu Yuan* gelangt, wird tiefgreifende psychologische und physiologische Veränderungen beobachten. Zum Beispiel kann sich der ganze Körper warm wie der Frühling und weich wie eine Wolke fühlen. Man kann den Eindruck haben, als wäre der Körper tatsächlich verschwunden, und der Mensch vergißt sich selbst vollkommen. Es gibt keinen Schmerz – nur ein überwältigendes Wohlgefühl. Geist und Körper, sowohl innen als auch außen, sind von Erleuchtung durchdrungen. Die äußere Welt schwindet und verschmilzt nach innen, während die Sphäre der inneren Welt sich in alle Richtungen ausdehnt und sich in Unendlichkeit auflöst. Bewußtsein und der gesamte Kosmos verschmelzen zu einem einzigen, untrennbaren Ganzen. Dies weist auf den Beginn des Prozesses der Umwandlung von *ch'i* in *shen* hin.

Verläßt der Geist den Körper während der Umwandlung von *ch'i* in *shen*? Die *Tan Sutras* und viele taoistische Bücher enthalten lebendige und phantasievolle Beschreibungen des Austritts des Geistes aus dem Körper. Seit der Zeit der Ming-Dynastie haben die Wu- und Liu-Schulen großen Wert auf die Entwicklung zur Kultivierung dieses Phänomens gelegt. Es gibt zahlreiche Beschreibungen von der *zehnmonatigen Schwangerschaft*, vom *dreijährigen Säugen* und vom *neunjährigen Meditieren mit dem Gesicht zur Wand*, die manche Menschen zum Glauben verleitet haben, erfolgreiche Meditation müsse mit Astralprojektion einhergehen. Dieser Annahme zufolge besäße der Geist oder das Göttliche Selbst einen eigenen Fötus-Leib, der letztendlich durch den Scheitel des Kopfes schießen und in den Himmel hochsteigen würde. Es wäre jedoch ein schwerwiegender Fehler zu glauben, daß dies ein Weg zur Umwandlung von *ch'i* in *shen* sei.

Nach Ansicht der Tan Tao-Schule mögen *yang shen* (oder positiver Geist) und *yin shen* (oder negativer Geist) zusammen die Projizierung des Geistes aus dem Leib heraus erklären. *Yang shen* kann aus diesem Körper aus Fleisch und Blut austreten, und dennoch handelt es sich um einen leiblichen Körper mit materieller Gestalt und sichtbarer Äußerung. Es kann sich genauso wie ein normaler menschlicher Körper verhalten, und dennoch ist es ein Geist-Leib mit physischer Gestalt und selbständigem Leben. Es wird für die Projizierung des echten Geistes gehalten.

Jemand, der sagt, er habe einen unsichtbaren und unstofflichen Leib, mit oder ohne Gestalt, der in seinen physischen Leib willentlich ein- und austritt, spricht vom Leib des *yin shen. Yin shen* ist vergleichbar mit Körpern, wie sie im Traum erscheinen, aber es ist viel klarer und deutlicher als normale *Traumleiber*. Taoisten behaupten, daß die Projizierung von *yang shen* die höchste Errungenschaft der Meditation und der Kultivierung des Tao darstellt. Wer sich aber die Projektion von *yin shen* als letztes Ziel des Tao vorstellt, ist entweder ein ganz gewöhnlicher Mensch oder aber im *yin*-Zustand eines Geistes oder Gespenstes gefangen.

Diejenigen, die meditieren und das Tao kultivieren, werden keine Schwierigkeit haben, *yin shen* aus dem Körper zu projizieren. Manche werden Erfahrungen dieser Art machen, noch lange bevor sie das Stadium der Umwandlung von *ch'i* in *shen* erreichen. Wenn zum Beispiel die Verbindung zwischen Geist und Körper geschwächt und brüchig geworden ist, kann die Projizierung von *yin shen* spontan erfolgen. So kann es ganz gewöhnlichen Menschen ergehen, die gar nicht meditieren, denn es passiert, wenn man krank, dem Tode nahe oder am Rande der Schizophrenie ist. Wenn dieses Phänomen von allein stattfinden kann unter Umständen, die von Streß gekennzeichnet sind, sollte der Schüler der Meditation daraus schließen, daß das Erlebnis mit einiger Unterweisung viel einfacher und ohne Streß zu erzielen ist.

Manchmal erleben Meditierende mit nervösem Temperament die Projizierung von *yin shen*. Dieses Phänomen wird oft vom Unbewußten beeinflußt, wenn dieses auf das in den Kopf aufsteigende *ch'i* eingestellt ist. Jemand, der in der Psychologie bewandert ist und der intensiv über sein Unterbewußtsein nachdenkt, braucht sich hierüber nicht zu täuschen. Ein Mensch wird im Leben selten von anderen beschwindelt, aber er beschwindelt sich selbst oft durch seine Gedanken, Empfindungen, Gefühle und Handlungen. Ein Mensch kann sich darüber täuschen, ob er ein gewöhnliches Leben führt oder das Tao der Unsterblichkeit kultiviert.

Ist die Kultivierung von *shen* ein gültiger Prozeß? Sowohl theoretische Forschung als auch eigene Erfahrungen überzeugen mich, daß die Kultivierung von *shen* Gültigkeit besitzt. Um aber an diesem Prozeß teilnehmen zu können, muß man ganz sein eigener Herr sein.

Das Verschmelzen mit dem Kosmos ist eine notwendige Voraussetzung für das Erkennen des eigenen Geistes oder des Göttlichen Selbst. Dies ermöglicht es einem Menschen,

Fortschritte zu machen. Dadurch wird es möglich, *shen* zu verdichten und *ch'i* zu sammeln; zu projizieren oder nicht zu projizieren; die Größe des projizierten Leibes zu erkennen und willentlich aus dem physischen Leib herauszutreten und wieder zurückzukehren. Dadurch wird es möglich, sich um die Kultivierung des *shen* zu bemühen und mittels der Meditation das Tao zu erlangen. Ohne vollkommene Weisheit, Tugend, Harmonie und Segen kann man nicht über diesen Punkt hinaus gelangen.

Anhang

Samadhi und Weisheit
durch Ch'an kultivieren

Disziplin (*sila*), Stille (*samadhi*) und Weisheit (prajna) stellen drei Aspekte von *Anasrava* (wörtlich *Kein* Aussickern) dar. Die Kultivierung dieser Qualitäten ist nützlich. Stille oder *samadhi* ist das Herzstück der Disziplin und der Weisheit. Weisheit oder *prajna* ist das Fundament, von dem aus man den Buddha-Weg erkennt und geht. Um den Buddhismus zu kultivieren, muß man zuerst *samadhi* entwickeln.

Ein Mensch, der *samadhi* erreicht hat, wird die feierliche Wirklichkeit von *sila* oder Disziplin entdecken. Die Weisheit wird sich ihm offenbaren, und er wird erleuchtet werden.

Der Buddhismus kennt 84.000 Wege des *Dharma*, von denen jeder einzige sich aus *samadhi* ableitet. *Samadhi* führt zum Meer des *Bodhi*. Es ist äußerst wichtig zu begreifen, daß die Kultivierung im Buddhismus nicht von *samadhi* loszulösen ist.

Die Kultivierung von *samadhi* besteht nicht nur im stillen Sitzen in irgendeiner Meditationshaltung. Buddhisten unterteilen die Haltungen des Alltags in vier ehrwürdige Formen: Sitzen, Stehen, Gehen und Liegen. Wünscht ein Mensch, *samadhi* zu erlangen, so sollte er immer meditieren, wenn er sitzt, steht, geht oder liegt. In jeder dieser vier Stellungen kann man *samadhi* kultivieren.

Es gibt zweiundsiebzig Sitzstellungen, die sich für die Kultivierung von *samadhi* eignen, und zumindest am Anfang wird *samadhi* am einfachsten im Sitzen erlangt. Laut den buddhistischen Lehren verspricht das Sitzen mit gekreuzten Beinen in der Lotusstellung am ehesten Erfolg.

Man sollte darauf achten, wie man sitzt, steht, geht oder liegt, und versuchen, den *samadhi*-Zustand jederzeit beizubehalten, auch beim Sprechen oder Handeln. Falls dies einem wirklich gelingt, wird *samadhi* sehr stark sein.

139

Nachdem man *samadhi* entwickelt hat, wird man *Bodhi* erkennen können. Das ist fast so einfach, wie Obst von einem Baum zu pflücken. Wer aber falsch über diese Belange denkt oder sie ungenau wahrnimmt, wird eine verzerrte Sicht der Wahrheit haben.

Ein Schüler kann sein Wissen vermehren, indem er die Sutras studiert und sich in der Kultivierung von *samadhi* übt. Die Sutras der *Dhyana* und der Kontemplation sind hervorragend, und Bücher über die *Chih*- und *Kuan*-Methoden der Tien Tai-Schule sowie die heiligen Texte des esoterischen Buddhismus sind sehr zu empfehlen. Ernsthaft interessierte Schüler sollten sich mit diesem Material auseinandersetzen.

Schritte zum *samadhi* hin

Wenn man beginnt, *samadhi* und Weisheit zu kultivieren, ist es wichtig, über Entschlossenheit und Willenskraft zu verfügen, das heißt, daß man einen festen Entschluß gefaßt hat, *Bodhi* zu erlangen. Zweitens sollte man sich, wann immer möglich, in verdienstvollem Handeln und mildtätigen Taten üben, weil die eigene Praxis durch solches Tun genährt wird. Indem man die Samen des rechten Verhaltens sät, erntet man üppige Erträge. Es wird dem Praktizierenden gelingen, zum Tao zu gelangen, falls er über Willenskraft verfügt und Gelegenheit hat, sie in einer fruchtbaren Umgebung auszuüben.

Exoterische und esoterische Kultivierungsmethoden verlangen vom Schüler, daß er vier edle Eigenschaften entwickelt und verkörpert, nämlich grenzenlose Güte, grenzenloses Mitgefühl, grenzenlose Freude und grenzenloses Losgelöstsein. Starke Entschlossenheit und angesammelter Verdienst sind die Fundamente des Tao. Da man, wenn es am einen oder am anderen mangelt, allzu leicht von der Wahrheit abkommt, gelten sie als die wichtigsten Voraussetzungen für den Erfolg.

Die Chinesen lieben den Spruch, daß ein Arbeiter gutes Werkzeug braucht, wenn er seine Arbeit gut verrichten soll. Das gleiche gilt für jemanden, der Meditation treibt und *samadhi* kultiviert: Er muß gutes Werkzeug haben, obwohl er sich dieses in der äußeren Welt nicht aneignen kann. Die sechs *indriyas* oder Sinnesorgane liefern uns ausgezeichnete Werkzeuge, um zum *samadhi* zu gelangen.

Die sechs *indriyas* sind das Auge, das Ohr, die Nase, die Zunge, der Körper und der Verstand. Ihnen stehen sechs *gunas* gegenüber, das sind Anblicke, Klänge, Düfte, Geschmäcker, taktile Wahrnehmungen und Vorstellungen. Diese *mithya*, oder Illusionen, sind ständig am Kommen und Gehen. Nimmt ein Mensch fälschlicherweise an, diese Phantome seien echt, so verliert er sein ursprüngliches Wesen.

Im *Surangama Sutra* werden die sechs *indriyas* die sechs Diebe genannt. *Augen, Ohren, Nase, Zunge, Haut und Verstand sind die Diebe. Sie stehlen unseren kostbaren Schatz. Sterbliche Menschen werden stets von diesen Dingen nach unten gezogen, und das erklärt, weshalb es so schwer ist, diese irdische Welt zu überwinden.* Menschen, die *samadhi* praktizieren und den Wunsch haben, zu ihrem ursprünglichen Wesen zurück zu gelangen, können die sechs *indriyas* als Werkzeuge einsetzen.

Es ist am besten, wenn man sich zum Zwecke der Kultivierung für eines dieser sechs Werkzeuge entscheidet. Man sollte sich in der Benutzung des Werkzeugs seiner Wahl üben, bis man damit vertraut ist. Dann kann man sich darauf konzentrieren, bis er das erste Stadium von *samadhi* erreicht hat, was bedeutet, daß man den Geist auf einen einzigen Punkt ausrichten kann, ohne daß die Aufmerksamkeit abschweift.

Jedes Sinnesorgan und jedes *guna* kann auf verschiedene Art und Weise entwickelt werden. Dies ausführlich zu beschreiben, würde sehr weit führen. Buddha behauptete, in jedem Gedanken seien 84.000 sterbliche Sorgen enthalten. Später sagte man: *Buddha hat alle Dharma (Wege) gelehrt, weil er jeden Geist retten wollte. Wenn ich nicht jeden Geist besitze, weshalb sollte ich mich denn aller Wege bedienen?* Die Menschen sind verschieden. Jeder sollte den Weg wählen, der am besten zu ihm paßt. (Im folgenden Abschnitt werden einige Kultivierungsmethoden beschrieben. Wer sie erforschen will, sollte sich mit allen exoterischen und esoterischen Lehren befassen. Das *Surangama Sutra* beschreibt zum Beispiel das *Dharma-paryaya* beziehungsweise das Tor zur Erleuchtung von fünfundzwanzig *Bodhisattvas*.)

Methoden, die von der Sehkraft Gebrauch machen

Als erstes werde ich Methoden erörtern, die das Auge oder die Sehkraft einsetzen. Um auf diesem Weg *samadhi* zu kultivieren, sollte man ein geeignetes Objekt wählen, worauf man seine Aufmerksamkeit richten kann. Dazu ist eine kleine Statue oder ein leuchtender Gegenstand am besten geeignet. Man sollte sich auf den Gegenstand konzentrieren, indem man den Blick darauf richtet und sich entspannt.

Die Farbe des Gegenstands ist äußerst wichtig und sollte unter Berücksichtung der psychischen und körperlichen Verfassung des Meditierenden sehr sorgfältig ausgesucht werden. Es gibt keine feststehende Regel, die vorschreibt, welche Farbe sich am besten für diesen Zweck eignet, aber die Wahl sollte sich nach der persönlichen Verfassung des Betreffenden richten. Grün eignet sich zum Beispiel am besten für Menschen, die sehr sensibel sind, Rot ist gut bei Menschen, die an Müdigkeit und nervöser Erschöpfung leiden, während Blau am günstigsten ist bei Menschen, die außergewöhnlich ruhelos und ungeduldig sind. Das Verändern der Farbe des Gegenstands, auf den man sich konzentriert, kann sich als nachteilig erweisen; es ist am besten, die Farbe des Gegenstands, den man zur Konzentration verwendet, nicht zu ändern.

Falls man sich auf das Phänomen der Erleuchtung oder des Lichtes selbst konzentriert, könnte man seinen Blick auf eine kleine Lampe oder Kerze richten oder das Licht der Sonne, des Mondes oder der Sterne betrachten. Hypnotiseure bedienen sich oft des Lichts eines Kristallpendels. Es ist am besten, wenn das Licht von der Seite ins Auge scheint, anstatt direkt darauf zu treffen. Man kann entweder in den Himmel hinaufblicken und dessen natürliches Licht betrachten, das Licht eines Feuers anschauen oder auf das Licht blicken, das von einer glatten Wasserfläche reflektiert wird. Es empfiehlt sich meistens nicht, sich auf das eigene Spiegelbild zu konzentrieren, weil diese Art der Konzentration ein außerkörperliches Erlebnis auslösen könnte.

Diese Methoden werden bereits sehr lange von Buddhisten, Taoisten und Anhängern anderer religiöser Schulen angewandt. Schüler sollten erkennen, daß es bei diesen Methoden lediglich darum geht, dem Anfänger einen einfacheren Zugang zu den elementaren Stadien zu verschaffen. Hält man nur an diesen Methoden fest, so wird man sich vom Eigentlichen ablenken lassen. Läßt sich ein Mensch zu sehr von diesen Techniken in Anspruch nehmen, so wird sein Geist verwirrt werden, und es mag schwierig sein, das Stadium zu erreichen, in dem der Geist stetig auf einen Punkt ausgerichtet ist.

Im Verlauf der Praxis kann es zu den verschiedenartigsten Phänomenen kommen. Die Arbeit mit Farben und Licht könnte sowohl Visionen und Phantasmen als auch Hellseherei auslösen. Falls solche Zustände eintreten, ist eine Unterweisung durch einen guten Lehrer empfehlenswert.

Es gibt auch viele Menschen, die nach dem plötzlichen Erblicken einer Sache erleuchtet wurden. Sakya Buddha wurde zum Beispiel erleuchtet, als er einen hellen Stern am Himmel sah. Ling Yung, ein Zen-Meister des Altertums, wurde erleuchtet, als er eine Pfirsichblüte erblickte. Um dieses Ereignis zu feiern, schrieb er ein Gedicht:

Ich suchte viele Jahre nach dem Gast des Schwertes. Wie oft sind die Blätter gefallen, wie oft haben neue Triebe gesprossen? Seit ich die Pfirsichblüte erblickte, habe ich nie wieder gezweifelt.

Ein Schüler Ling Yungs schrieb auch ein Gedicht über die Erleuchtung seines Lehrers:

Ling Yung sah es nur einmal und dann nie wieder. Rote und weiße Zweige tragen keine Blüten. Fischer auf dem Boot kamen zum Ufer, um Fische und Krabben zu fangen. Das ist ekelerregend!

Wer einen solchen Schritt vollziehen kann, läßt sich offensichtlich nicht durch eng gefaßte Methoden einschränken.

Methoden, die vom Klang Gebrauch machen

Wir wenden uns nun einigen Methoden zu, die sich des Klangs bedienen. Klänge im Körper entstehen durch das Singen oder *Chanten* nach der inneren Methode. Man könnte den Namen Buddhas chanten, Sutras chanten oder ein Mantra chanten. Es gibt drei Techniken des Chantens: laut singen, leise murmeln oder die Klänge schweigend im Kopf wiederholen. Wer chantet, hört zu. Das heißt, auf der einen Seite ist das Chanten selbst und auf der anderen das Hören auf den resultierenden Klang. Am Anfang hört man den Klang vielleicht nur mit Unterbrechungen, aber mit der Zeit verdichtet und konzentriert sich der Klang, bis der Geist still wird.

Es gibt auch verschiedene Methoden, auf äußere Geräusche zu hören. Alle Geräusche können sich als nützlich erweisen, aber das Hören auf fließendes Wasser, einen Wasserfall, das Wehen des Windes, Windglocken oder Tempelgesänge scheinen die besten Effekte zu erzielen.

Das *Surangama Sutra* beschreibt das *dharmaparyaya*, das heißt die Tür, durch die die fünfundzwanzig *Bodhisattvas* zur Erleuchtung gelangten. Das *dharmaparyaya* der Kuan-Yin war das Eintreten in das Tao über den Klang, und diese Methode gilt als eine der edelsten. Es wird gesagt: *Das wirklich Lehrreiche an diesem Ort, rein und klar, entsteht aus dem Hören auf Klang.*

Der Geist kann durch die Konzentration auf Klang beruhigt werden, sofern man zuhören kann, ohne schläfrig zu werden oder an etwas anderes zu denken. Führt man diese Praxis fort, so wird man irgendwann einen Zustand großer Stille erreichen, in dem keine Klänge zu vernehmen sind. Dann tritt man in den Zustand von *samadhi* ein und erlebt die absolute Stille. Das ist *das Band der Stille*, von dem die buddhistischen Sutras sprechen.

Ein Mensch sollte nicht den Wunsch haben, *das Band der Stille* festzuhalten. Man sollte erkennen, daß *das Band der Stille* ein Phänomen darstellt, und das Geräusch ein anderes. Beide sollten überwunden werden. Man sollte weder hoffen, das Geräusch hinter sich zu lassen, noch im Zustand der Stille zu verharren. Es ist wichtig, die *Nicht-Geburt* des Mittleren Weges zu erkennen und zur Kontemplation der Weisheit zu gelangen.

Wenn ein Mensch das Wesen des Hörens betrachtet, weiß er, daß es weder der Bewegung noch der Ruhe angehört und somit weder unaufhörlich noch unterbrochen ist.

Der Leib wird nicht geboren; es gibt für den Leib keine Geburt und keinen Tod. Viele der Zen-Meister mußten nicht die verschiedenen Schritte vollziehen, um zur Erleuchtung zu gelangen, sondern sie wurden erleuchtet auf das Hören eines bestimmten Geräusches oder Klanges hin. Deshalb haben diejenigen, die durch die Zen-Praxis in das Tao eingetreten sind, von jeher erkannt, daß Kuan-Yins *dharmaparyaya* des Hörens auf Geräusche überaus erhaben ist.

Unter der Leitung des Meisters Pai Chang wurde ein Mönch erleuchtet, als er das Läuten einer Glocken hörte. Dazu bemerkte Pai Chang: *Wunderbar! Das ist der Weg des dharmaparyaya Kuan-Yins.* Hsian Yen wurde erleuchtet, als er den Bambus schlug, und Yuan Wu wurde erleuchtet, als er den Flug der Berghühner hörte.

Der Fünfte Patriarch schrieb: *Der Wind wehte aus dem Süden; die Ecke des Tempels wurde ein wenig kühl.* In einem während der Tang-Dynastie geschriebenen Liebesgedicht heißt es: *Oft rufe ich ohne Grund den Namen der Magd Sheau Yu; ich will nur, daß meine Geliebte meine Stimme hört und erkennt.* Diese Menschen wurden durch Klang erleuchtet. Es handelt sich um etwas sehr Erhabenes und Schönes. Viele Menschen bedienen sich der *Ohrwurzel dharmaparyaya* (also des Klanges), aber nur sehr wenige verstehen, daß *die zwei Phänomene von Stille und Bewegung nicht ins Sein eintreten.*

Wendet sich ein Mensch völlig vom äußeren Klang ab, dann erreicht er auf natürliche Weise *samadhi.* Von den zwei Phänomenen, Bewegung und Stille, ist *samadhi* das stille Phänomen. Geist und Körper machen das Phänomen der Bewegung aus. Wer glaubt, daß die Stille des *samadhi* das ursprüngliche Wesen darstellt, läßt sich täuschen, aber wenn er darüber hinausgehen kann, tritt er in das Tor ein.

Methoden, die vom Atem Gebrauch machen

Man kann *samadhi* auch über Methoden erreichen, die sich des Atems bedienen. Bei der Tien Tai-Sekte und in den esoterischen Lehren Tibets wird das *dharmaparyaya* des Nasenatems betont. Dies umfaßt die Kultivierung der *ch'i*-Bahnen, *ch'i kung*, das Zählen der Atemzüge und das Verfolgen des Atems mit dem Geist. Wenn der Atem nach und nach gleichmäßiger und verfeinerter wird, wird er *Hsi* genannt.

Das grundlegende Prinzip dieser Technik besteht darin, daß Geist und Atem eng miteinander verknüpft sind. Für Menschen, die zuviel denken oder chaotische Gedanken haben, ist es am einfachsten, den Geist über den Atem zu sammeln. Wer *samadhi* erreicht und die Sache aufmerksam reflektiert, wird feststellen, daß der Geist und der Atem sich gegenseitig bedingen und voneinander abhängig sind.

Das Denken entsteht aufgrund des Atems. Der Atem wird im Denken offenbart. Ist der Atem langsam und ebenmäßig, dann sind die Gedanken ruhig und langsam. Denken, Atem und Stille sind nicht die Grundbestandteile des Tao, sondern Ausdrücke der Macht des ursprünglichen Wesens.

Taoisten gehen davon aus, daß das *ch'i* des *Vorhimmels* sich zerstreut, um *ch'i* zu erzeugen. Sie stellen sich vor, daß, wenn sich das *ch'i* sammelt, es eine bestimmte Form annimmt. *Ch'i* wird manchmal für die Wurzel des Lebens und das ursprüngliche Wesen gehalten, aber das ist ein Irrtum. Wenn man sich so stark mit einer Sache identifiziert, daß man nicht mehr Herr seiner eigenen Gedanken ist, kann man die Vorstellung des ursprünglichen Wesens und dessen Äußerungen nicht begreifen. Dies zeigt den Unterschied zwischen dem richtigen *Dharma* und abweichenden Schulen.

Wir sollten zu einer gewissen Einsicht in das ursprünglichen Wesen kommen. Wer es wirklich begreift, daß Geist und Atem voneinander abhängig sind, wird befreit werden. Wer einsieht, daß Geist und Materie den gleichen Ursprung haben, wird begreifen, daß die Methoden zur Erreichung der Erleuchtung lediglich Werkzeuge sind, die dem Schüler helfen werden.

Methoden, die von körperlichen Empfindungen Gebrauch machen

Einige Methoden zur Erreichung von *samadhi* machen von körperlichen Empfindungen Gebrauch. Es gibt zwei Arten von körperlichen *dharmaparyaya*.

Im weiteren Sinne umfassen sie alle Techniken, die mit den sechs Sinnesorganen arbeiten. Schließlich bedient sich ein Mensch seines Körpers, wenn er diese Techniken praktiziert. Wo wären die sechs Sinnesorgane ohne den Körper? Alle Methoden der Kultivierung brauchen den Körper. Im engeren Sinne erfordert das *dharmaparyaya* des Körpers die Konzentration auf einen einzigen Punkt im Körper, das heißt auf den Punkt zwischen den Augenbrauen, den Scheitel des Kopfes, *Tan Tien*, die Fußsohlen, das Steißbein oder den Damm. Dabei kann man den Atem verfolgen oder Visualisierungstechniken benutzen, um sich während der Meditation auf einen einzigen Punkt des Körpers zu konzentrieren.

Die Praxis dieser Techniken kann Empfindungen von Kälte und Wärme, Weichheit und Härte, Pochen oder Schmerz herbeiführen. Man kann sehr leicht verschiedene körperliche Reaktionen erleben, und so könnte man an den auf diese Weise herbeigeführten Phänomenen festhalten wollen. Hierzu ein Beispiel: Auch wenn Phänomene in den *ch'i*-Bahnen es einem ermöglichen, die Tiefe der eigenen Meditation festzustellen, bleibt man zurück, falls man daran festhält.

Im *Diamant-Sutra* wird diese Art von Abhängigkeit als der *Grundsatz der dauerhaften Individualität und Selbstsucht* bezeichnet. Dieser Grundsatz impliziert, daß alle Individuen echt sind und den Wunsch nach Unsterblichkeit haben. Echte *Bodhisattvas* sehen die Dinge nicht in dieser Weise. Die Kultivierungsmethoden des esoterischen Buddhismus und des Taoismus könnten einen Menschen von bestimmten Phänomenen abhängig werden lassen, da es sehr schwierig ist, sich von der Illusion zu befreien, Geist und Körper seien echt. Der Zen-Meister Huang Po seufzte oft über die Schwierigkeit, das Selbst und den Körper zu vergessen. Im *Sutra der vollkomme-*

nen Erleuchtung heißt es: *Die Menschen nehmen fälschlicherweise an, die vier Elemente seien Äußerungen des eigenen Körpers, und glauben, die sechs Sinnesorgane und deren Gegenstände seien Äußerungen des eigenen Geistes.* Die Menschen machten schon immer diesen Fehler. Deshalb sagte der Zen-Meister Yung Chia: *Laßt die vier Elemente gehen, versucht nicht, sie einzufangen, sondern eßt und trinkt in der einfachen Natur.*

Man könnte fragen, wie ein Mensch sich dieser Illusion entledigen kann, bevor er den Zustand eines Heiligen erreicht. Man kann sich aber der Illusion bedienen, um das Echte zu kultivieren. Der Gebrauch des physischen Körpers zur Kultivierung der echten Natur ist ein nützliches *dharmaparyaya*. Man kann sich des Körpers bedienen, um in das Tao einzutreten, solange man sich darüber im klaren ist, daß es sich lediglich um eine Methode handelt. Man sollte nicht den Kopf verlieren und sich mit dem eigenen Schatten identifizieren oder sich vorstellen, der Schatten sei echt. Identifiziert sich ein Mensch mit seinem Schatten, so wird er am Boden haften bleiben und es schwer haben, hinaufzusteigen. Laotse sagte: *Ich habe deshalb soviele Schwierigkeiten, weil ich einen Körper habe.* Das ist eine echte Maxime! Die alten Zen-Lehrer wollten nicht von *ch'i*-Bahnen sprechen, weil sie nicht wollten, daß ihre Schüler von diesen Vorstellungen abhängig würden. Dies ist eine erhabene Art des Lehrens.

Methoden, die vom Bewußtsein Gebrauch machen

Wir werden uns nun Methoden zuwenden, die vom Bewußtsein Gebrauch machen. Das Tor, wodurch man das Tao erlangen kann, enthält alle Methoden, und es sind 84.000 an der Zahl. Das Bewußtsein ist der Meister der *fünf Bewußtseinsebenen*, von denen jede einzelne einem bestimmten Sinnesorgan und dessen Objekten zugeordnet ist. Diese kleineren Bewußtseinsebenen sind wie Marionetten: Das Bewußtsein zieht den Faden, und der König Geist bewegt die Marionette.

Dharma wird also vom Bewußtsein erzeugt. Es erscheint jedoch sinnvoll, davon auszugehen, daß das Bewußtsein an sich uns eine bestimmte Methode der Kultivierung liefern sollte. Die Methoden zur Beobachtung des Geistes, *Chih* und *Kuan*, sowie der Arbeit am Zen sind unter anderen im *Dharma* des Bewußtseins enthalten.

Am Anfang dieser Arbeit kann man unmöglich das ursprüngliche Wesen oder den wahren Geist betrachten. Man betrachtet die Geburt und den Tod, das Aufkommen und Verschwinden von Gedanken. Mit anderen Worten, dieser *Dharma* enthüllt den falschen Geist des Bewußtseins. Bei der Meditation sollte man introspektiv über das Wesen des Bewußtseins nachdenken, um den falschen Geist der Gedanken zu enthüllen, die in schneller Folge auftreten und wieder verschwinden können. Man sollte das Entstehen und Vergehen bestimmter Gedanken beobachten und feststellen, woher sie kommen und wohin sie gehen. Solches Beobachten einer Reihe von Gedanken unterbricht den Bewußtseinsstrom. Frühere Gedanken sind bereits verschwunden und können vergessen werden. Spätere Gedanken sind noch nicht aufgetaucht und können leicht ignoriert werden. Wenn vorhergehende Gedanken verschwunden und nachfolgende Gedanken noch nicht erschienen sind, ist alles still. Es ist wie ein duftender Elefant, der den Fluß überquert: Ein riesiger, duftender Elefant stürzt sich in den Fluß; ganz gleich, wie schnell das Wasser vorbeirauscht, der Elefant beachtet es nicht und überquert den Fluß. Sein Körper unterbricht den ständigen Fluß des Stroms. Im Buddhismus heißt dieses Phänomen *samatha*, wörtlich *Anhalten*.

Dieses Phänomen ist aber nur *samatha*: Es ist ein Zustand der Ruhe, der sehr viel Ähnlichkeit mit der Leere aufweist, aber es ist noch nicht echte Leere. Man sollte beobachten, daß die Existenz von der Leere kommt und Leere auf der Existenz beruht. Existenz und Leere sind Äußerungen des ursprünglichen Wesens, und das ursprüngliche Wesen ist der Ursprung von Existenz und Leere.

In diesem Stadium sollte man sich nicht um die eine oder die andere Seite kümmern, sondern die Mitte betrachten.

Letztlich sollte man nicht nur die beiden Seiten, sondern auch die Mitte ignorieren. Im Buddhismus wird diese Haltung als Betrachtung mit Weisheit bezeichnet.

Wenn man nach dem Erreichen von *samatha* weiterarbeitet, wird man irgendwann einmal *samadhi* erreichen. Und wenn man weiterhin Fortschritte macht, nachdem man die Betrachtung mit Weisheit erreicht hat, wird man irgendwann einmal die Weisheit erlangen. Ein Mensch, der weiter kultiviert, wird Schritt für Schritt durch die zehn Stadien der *Bodhisattva*-Entwicklung fortschreiten und letztendlich zum vollständigen *Bodhi*, das heißt zur Erleuchtung gelangen. Diese Art der Kultivierung umfaßt die Lehren der Tien Tai-Sekte, die Lehre über die Tao-Fackel der *Bodhisattvas* von der Gelben Sekte des Lamaismus, die Meditation über die Mitte und *samyagdrist* (das rechte Denken).

In der frühesten Zeit der chinesischen Zen-Schule wurde den Schülern nie eine formelle Methode beigebracht. Es gibt einen Spruch: *Die Sprache wird abgeschnitten, und alle Tätigkeit des Geistes wird ausgelöscht.* Also gab es keine Methode. In einer späteren Epoche bedienten sich Schüler des Zen der Methoden der fragenden Haltung oder arbeiteten mit *Kung Fu.* Diese gehören alle zum *Dharma* des Bewußtseins, obgleich die Techniken des Zen das Bewußtsein in einer Weise einsetzen, die sich von anderen *Dharmas* unterscheidet.

Was ist die *fragende Haltung* des Zen? Es ist weder die Betrachtung mit Weisheit noch der verdächtige Zweifel, von dem im Diskurs *Die Tür zur Kenntnis der universellen Phänomene* die Rede ist. Die fragende Haltung dringt tief in das *alaya vijnana* oder die Gesamtheit des Bewußtseins ein, die sowohl relativ als auch absolut, persönlich wie auch unpersönlich ist. Es ist das grundlegende Geist-Bewußtsein aller bewußten Wesen, das die Samen aller Ereignisse sowohl der Vergangenheit als auch der Zukunft erfaßt und speichert. Geist und Körper waren ursprünglich in einer einzigen Ganzheit vereint. Vor der Erleuchtung wird man möglicherweise spüren, wie etwas in der Brust eingefangen ist und nicht entweichen kann. Diese Enge wird sich nur unter den richtigen Bedingungen lösen, wozu die richtige Gelegenheit, die notwendigen äußeren Umstände und die richtigen Unterweisungen gehören, und zwar nur, wenn sie alle im gleichen Augenblick gegeben sind. Deshalb heißt es: *Das göttliche Licht, allein leuchtend, trennt sich von den Gegenständen des Denkens, Fühlens und Empfindens.* Es wird ebenfalls gesagt: *All diese Phänomene sind illusorisch.*

Das letzte Stadium kann nicht mit Worten beschrieben werden. Versuche, es zu beschreiben, lauten wie folgt: *Erst beim letzten alleinstehenden Satz wird es zur festen Schranke kommen. Kontrolliere den wichtigen Übergangspunkt, ohne Kommunikation mit den Massen und den Heiligen. Das heißt auf den Buddha der Großen Sonne treten und dem Ersten Buddha des leeren Kalpa, auch Bhisma-garjita-ghosa-svararaja genannt, zuwerfen.* Mit anderen Worten, es ist *ohne Beginn.* Wir können kaum hoffen, dies mit unseren Gedanken zu erfassen, da solche Themen sich schwer erörtern lassen, selbst mit tausend Heiligen.

Die Vorstellung von
samadhi und Weisheit

Die Praxis des Hinayana-Buddhismus beginnt mit *sila* oder Disziplin. Wenn ein Mensch *sila* beachtet, schreitet er zum *samadhi* vor. Im *samadhi* kann man Weisheit erreichen und damit Freiheit erlangen. Schließlich gelangt man zum *Nirwana.*

Mahayana-Studien beginnen mit dem Geben von Almosen, dem Befolgen von Geboten, Geduld unter Provokation, Eifer und Meditation und enden mit der Weisheit.

Samatha (oder Anhalten) und buddhistische Kontemplation rufen *samadhi* und Weisheit hervor, aber sie stellen lediglich den ersten Schritt der Kultivierung dar.

Aus der Kultivierung über die sechs Sinnesorgane und deren Gegenstände entwickeln sich 84.000 *Dharmas.* Alle diese *Dharmas* sind darauf ausgerichtet, die Gedanken des Praktizierenden zu stillen. Sobald die Gedanken aufhören, tritt man in *samadhi* ein. Das Ausmaß des *samadhi* ist sehr unterschiedlich, je nachdem welche Fortschritte man bereits erzielt hat.

Manche Methoden der Kultivierung von *samadhi* beginnen mit der Existenz und bemühen sich auf verschiedenen Wegen, zur Leere zu gelangen. Manche beginnen mit der Leere. Mit anderen Worten, wer die Existenz jeden Inhaltes entleert, wird die absolute Wirklichkeit begreifen. Auch wenn es viele verschiedene Methoden gibt, zielen sie alle auf *samadhi* ab.

Wenn ein Schüler seinen Geist ohne jegliche Ablenkung auf einen Gegenstand konzentrieren kann, dann hat er das Stadium des Anhaltens erreicht, das die Grundlage für den Eintritt in *samadhi* bildet.

Das Wesen des *samadhi* ist weder ungeordnetes, rastloses Denken noch stumpfe Trägheit. Im *samadhi* ist man wach. Im *samadhi* ist man aufmerksam und ruhig, ruhig und aufmerksam. Der Geist ist still, aber nicht totenstill; er ist aufmerksam. *Samadhi* gleicht einem Feuer, das fast gelöscht ist, aber in seiner Asche dennoch die Samen der Flamme enthält. Wenn die Phänomene der Aufmerksamkeit und der Stille miteinander vereint werden, kommt es zum *samadhi*.

Man sollte nicht abhängig sein, weder vom Geist noch vom Körper noch von der Nicht-Abhängigkeit. Im *samadhi* verweilen die Gedanken nicht beim Geist, und sie verweilen auch nicht beim Körper; die Gedanken sind nicht von der Nicht-Unabhängigkeit abhängig. Alles wird fallengelassen. Das ist *samadhi*.

Wenn man beginnt, *samadhi* zu kultivieren, ist man meistens entweder unruhig oder träge. Alle Menschen sind manchmal unruhig und manchmal träge. Unser ganzes Leben lang leben wir Tag für Tag in solchen Zuständen, ohne uns dessen bewußt zu sein.

Zuerst werde ich die Ruhelosigkeit besprechen. Sind die Gedanken eines Menschen grobstofflich, so lassen sie sich leicht zerstreuen und sind oft chaotisch. Sobald die Gedanken feinerer Natur sind, werden sie etwas erhabener.

Bei der Kultivierung von *samadhi* kann ein solcher Geist nirgendwo anhalten. Das Denken eines solchen Menschen ist völlig verwirrt. Sein Kopf ist voll von Ideen, Illusionen, Gedankenassoziationen, Erinnerungen und so weiter. Das sind die Funktionsweisen eines noch unveredelten Geistes.

Sobald der Geist eines Menschen veredelter wird, kann er auf einen Punkt gerichtet bleiben, während feine Gedanken immer noch kommen und gehen, wie Goldstaub etwa oder zarte Gaze. Auch wenn dieses Phänomen längst nicht so problematisch ist wie das zuvor erwähnte, bleibt im Geist noch eine leichte Abhängigkeit zurück. Dieser Zustand ist etwas erhaben und wird als *Tiao Chu* bezeichnet.

Früher oder später erleben die meisten Meditierenden dieses Phänomen. Einige von ihnen erkennen das Kommen und Gehen dieser winzig kleinen Gedanken nicht und glauben, sie hätten bereits *samadhi* erreicht. Diese Annahme ist jedoch völlig irrig.

Wenn man nicht aufhören kann zu denken, ist der Geist chaotisch und kann sich nicht beruhigen. Für Anfänger ist es das beste, sich durch Leibesübungen, Niederfallen vor dem Buddha und so weiter körperlich zu verausgaben. Dann achtet man auf den Körper, bis der Atem ruhig und weich wird und man wieder meditieren kann. Indem man dem Wirrwarr von Gedanken keine Aufmerksamkeit schenkt, sondern sich auf einen einzigen Gedanken konzentriert, wird man irgendwann zur Ruhe kommen und den Geist auf nur einen Gegenstand richten können.

Wenn der Geist voll wirrer Gedanken ist, sollte man mit ihnen so umgehen wie mit Gästen, die ständig kommen und gehen. Wenn ein Gastgeber solche Gäste weder freundlich aufnimmt noch sie zurückweist, werden sie irgendwann einmal von selbst wegbleiben. Analog hierzu wird auch der Gedankenwirrwarr, wenn man ihn konsequent ignoriert, mit der Zeit aufhören.

Oft wenn die Gedanken fast zum Stillstand gekommen sind, spürt man plötzlich, daß man jetzt zum Stillstand kommt. Diese Empfindung ist jedoch nur ein falscher Gedanke. Sobald er aufhört, kommt ein zweiter, und so geht das Ganze wieder von vorne los. Deshalb ist es äußerst schwierig, den Zustand des Anhaltens zu erreichen.

Wenn man *samadhi* kultivieren will, ist es am besten, nicht an diese Kultivierung zu denken. Wann immer der Zustand des Anhaltens der Gedanken eintritt, sollte man sich nicht gedanklich darauf versteifen, daß man *samadhi* erreichen wird. So kann man nach und nach in den Zustand des Anhaltens des verrückten Kreises der Gedanken gelangen.

Während der Meditation hat man oft den Eindruck, als wären die eigenen Gedanken viel zahlreicher als zu normalen Zeiten. Dies weist auf gute Fortschritte hin. Es ist wie wenn man einem Glas trüben Wassers Alaun beimischt und zusieht, wie die Dreckpartikel sich am Glasboden absetzen. Auch wenn das Wasser zunächst einmal klar erschien, weiß man, daß es doch Dreck enthielt. Oder wenn ein Sonnenstrahl durch eine offene Tür hereintritt, kann man den Staub in der Luft sehen. Der Dreck im Wasser wie auch der Staub in der Luft waren schon immer da. Meist fallen sie einem nicht auf, aber unter bestimmten Bedingungen lassen sie sich leichter erblicken. Auch wenn man während der Meditation mehr Gedanken als sonst zu haben scheint, hat man in Wirklichkeit schon von vornherein viel mehr Gedanken, als man ahnt. Nur sind sie während der Meditation leichter zu entdecken. Somit handelt es sich hier nicht um ein Problem.

Wenn ein Mensch zuviele Gedanken hat und die Macht der chaotischen Gedanken zu stark ist, um angehalten zu werden, kann er die Atemzüge zählen oder einen kräftigen schwarzen Punkt entweder unterhalb des Bauchnabels oder in der Mitte der Fußsohle visualisieren, um seinen unruhigen Geist zu stillen.* Eine weitere Möglichkeit, gegen einen allzu aktiven Geist vorzugehen, ist das Singen des Amita Buddha-Gesangs: *Na-Mo-Oh-Mi-To-Fu*. Beim *Fu* sollte der Meditierende lange verharren, als ob er mit seinem Geist und seinem Körper in eine unendliche Tiefe hineintauchen würde.

---

* Bei Frauen könnte es schädlich sein, ihre Aufmerksamkeit auf den Punkt einige Finger unterhalb des Nabels, den man *Tan Tien* nennt, zu konzentrieren. Deshalb empfehle ich, daß Frauen ihre Aufmerksamkeit nur auf einen kräftigen schwarzen Punkt in der Mitte der Fußsohle konzentrieren sollen.

Jetzt will ich mich der Trägheit zuwenden. Unveredelte Trägheit ist Schlaf, während veredelte Trägheit Lethargie ist.

Immer dann, wenn der Geist oder der Körper müde sind,
will man schlafen. Wenn ein Mensch Schlaf braucht, sollte er
sich nicht zwingen zu meditieren. Bevor man mit der Meditation beginnt, sollte man ausgeschlafen sein, da man es sich
sonst zur Gewohnheit machen könnte, *während* der Meditation zu schlafen. Ein Mensch, der in diese Gewohnheit verfällt, wird es in der Meditation nie zu etwas bringen.

Wenn ein Mensch sich in einem Zustand der Schläfrigkeit
befindet, scheint sein Geist still zu sein. Er konzentriert sich
weder auf einen einzigen Gegenstand, noch hegt er unveredelte Gedanken, aber er ist wie in einem Schlafzustand. Auch
wenn er kein Bewußtsein in bezug auf Geist oder Körper hat,
befindet er sich in einem Zustand des Schlafes und nicht der
Meditation.

Menschen, die *samadhi* kultivieren, können leicht in
einen Zustand der Trägheit verfallen. Wenn man sich nicht
darüber im klaren ist und diesen Zustand mit einer Art
samadhi verwechselt, wird ein völliges Scheitern die Folge
sein. Sumatikirti, der Gründer der Gelben Sekte, sagte, daß
ein Mensch, der diese Art von Trägheit mit *samadhi* verwechselt, nach seinem Tod als Tier reinkarniert wird. Deshalb muß
man hier sehr vorsichtig sein.

Um Trägheitszustände zu überwinden, kann man sich der
Visualisierung bedienen. Man könnte zum Beispiel einen
leuchtend roten Punkt im Inneren des Nabels visualisieren
und sich vorstellen, wie er nach oben drängt. Wenn dieser
leuchtend rote Punkt den Scheitel des Kopfes erreicht, zerstreut er sich. Eine weitere Technik besteht darin, daß man
mit voller Kraft *PEI!* ausruft. Man könnte auch die Nasenlöcher fest zusammenpressen, um den Atem anzuhalten, bis es
unerträglich wird, und dann die eingefangene Luft schnell
herauslassen. Schließlich könnte man in kaltem Wasser
baden oder ein paar passende Leibesübungen ausführen.
Menschen, die Atemübungen praktizieren, verfallen wahr-

scheinlich nicht so leicht in Trägheitszustände. Trägheit wird oft für *Wang Kong*, das heißt Dummheit oder Geistesabwesenheit gehalten. Das entspricht jedoch nicht der Wahrheit. In Wirklichkeit bezieht sich *Wang Kong* auf einen Schwachsinnigen oder einen Einfaltspinsel, der über keinerlei Klarheit der Gedanken verfügt.

Leichtigkeit

Wenn sowohl die Ruhelosigkeit als auch die Trägheit verschwinden und der Geist sich in Abwesenheit von Schlaf und Unruhe plötzlich auf einen einzigen Gegenstand richtet, ergibt sich die Leichtigkeit. Manche beobachten diese Empfindung zuerst am Scheitel des Kopfes, während sie für andere in den Fußsohlen einsetzt.

Beginnt die Leichtigkeit am Scheitel des Kopfes, so fühlt sich diese Stelle frisch und kühl an, als würde sich dicke Sahne sanft darüber ergießen. Die Buddhisten und Taoisten nennen dieses Phänomen die *Innere Taufe*. Diese Empfindung zirkuliert durch den ganzen Körper. Der Geist ruht, der Körper ist entspannt, und man fühlt sich so weich und biegsam, daß man oft ein Gefühl hat, als hätten sich sogar die Knochen aufgelöst. Der Körper richtet sich dann ganz von selbst auf wie eine Tanne. Der Geist ist klar, und es werden keine Gefühle der Unruhe oder Trägheit durch äußere Einwirkung ausgelöst. Man erlebt einen natürlichen Zustand der Freude. Dieses Erlebnis der Leichtigkeit verschwindet jedoch im Laufe der Zeit.

Setzt die Leichtigkeit in den Fußsohlen ein, so hat man Empfindungen entweder von Kühle oder von Wärme, die sich aufwärts zum Scheitel des Kopfes bewegen. Oft fühlt es sich so an, als würde diese Leichtigkeit körperliche Grenzen überwinden und zum Himmel hochsteigen. Das Gefühl der Leichtigkeit, das von den Fußsohlen ausgeht, ist sehr viel leichter zu behalten als die Leichtigkeit, die am Scheitel des Kopfes einsetzt. Es zerstreut sich nicht ganz so schnell.

Konfuzianer sagen, daß ein Mensch ein Gefühl von Frühling hat, wenn er den Zustand der Stille erreicht hat. Frühling bedeutet Gefühle von Wärme, Wachstum, Frische und Freude. Diese Gefühle gehen mit Empfindungen von Leichtigkeit während der Meditation einher.

Das Gefühl der Leichtigkeit läßt allmählich nach, wenn man gezwungen ist, mit den Dingen des Alltags fertig zu werden und seine Bemühungen um weitere Fortschritte nicht aufrechterhalten kann. Deshalb ist es, falls möglich, oft am besten, wenn ein Mensch, der dieses Stadium erreicht hat, allein an einem ruhigen Ort lebt.

Wer weiter meditiert, wird oft feststellen können, daß dieses Phänomen der Leichtigkeit schwächer wird; das bedeutet jedoch nicht, daß es völlig nachläßt. Wenn man aber lange in diesem Zustand ausharrt, wird das Gefühl der Leichtigkeit nicht so intensiv erscheinen wie am Anfang. Es ist, als ob man zum ersten Mal eine neue Speise kostet: Am Anfang ist der Geschmack intensiv und frisch, aber durch das ständige Essen dieser Speise Tag für Tag wird der Geschmack abgestumpft, und die Speise wirkt nicht annähernd so erfrischend wie zu Beginn.

Falls man es schafft, ohne Unterbrechung den Zustand der Leichtigkeit beizubehalten, wird der *samadhi* kräftig und stabil werden. Man wird sich ruhig und wach fühlen. Die *ch'i*-Bahnen im ganzen Körper werden verschiedenen Veränderungen unterworfen sein, und der Körper wird sich warm und harmonisch fühlen, als ob man einen starken inneren Orgasmus erleben würde. Diese Gefühle sind schwer zu beschreiben, aber die Chinesen sagen oft, man wäre *innerlich von entzückenden Freuden berührt*. Nur indem man bis zu diesem Punkt vordringt, kann man sich von weltlichen Gelüsten freimachen.

Die oberste Stufe

Die Vitalkraft wird äußerst aktiv, sobald man die *ch'i*-Bahnen geöffnet hat und *yang ch'i* im ganzen Körper kreist. Falls man vergißt, die Aufmerksamkeit auf einen einzigen Punkt zu richten, wird das sexuelle Verlangen stärker. Das könnte gefährlich werden, und deshalb muß man sehr vorsichtig sein. Sobald man dieses Stadium überwunden hat, wird man die *warme* Stufe bereits hinter sich gelassen haben und zur *obersten* Stufe fortgeschritten sein. In diesem Stadium kehren *ch'i* und Atem zu ihrem Ursprung zurück, die Gedanken hören auf und alles Äußere wird ruhig und still.

Samadhi sila verbietet die Enthüllung der genauen Natur dieses Zustandes, aber es ist überdies auch sehr schwer zu beschreiben. Man sollte wissen, wie man mit den verschiedenen Veränderungen im Geist und im Körper am besten umgehen soll, um gute Erfolge zu erzielen. *Sila*, oder Disziplin, verbietet jede weitere Diskussion dieses Punktes.

Wer bei der Kultivierung von *samadhi* diesen Punkt erreicht, mag das Aussetzen des Atems und des Pulses erleben. In buddhistischen wie auch in anderen Lehren wird dieses Phänomen ausführlich beschrieben. Diese Beschreibungen zu lesen, ist sehr erhebend, auch wenn es sehr schwer ist, diese Zustände zu erreichen. Shao Yung schreibt zum Beispiel: *Alle sechsunddreißig Paläste sind Frühling, wenn sie zum Himmelsdach und zur Mondkammer hin- und hergehen.*

Übernatürliche Kräfte

An diesem Punkt angelangt, erscheint es richtig, einige Worte zu verlieren über das Entstehen von übernatürlichen Kräften. Falls ein Mensch einen *samadhi*-Zustand tatsächlich erreicht und auch beibehält, wird er die fünf übernatürlichen Kräfte besitzen: Hellsehen, Hellhören, Telepathie, Wissen um frühere Leben von einem selbst und von anderen sowie die Fähigkeit, sich willentlich überall hin zu begeben oder alles zu machen. Hellsehen ist die Fähigkeit, die am schwer-

158

sten herbeizuführen ist, aber sobald man sie besitzt, können die vier anderen übernatürlichen Kräfte der Reihe nach entwickelt werden.

Manche Menschen können nur eine übernatürliche Kraft entwickeln, während andere fähig sind, zwei oder mehr gleichzeitig zu entwickeln. Es scheint eine Frage der natürlichen Begabung zu sein.

Bei Erreichen des Hellsehens kann man ganz klar in alle zehn Richtungen sehen, ganz gleich, ob die Augen geöffnet oder geschlossen sind. Die zehn Richtungen sind die vier Himmelsrichtungen: Norden, Süden, Osten und Westen, die vier Zwischenrichtungen (Nordosten, Südosten, Nordwesten und Südwesten), der Zenit (oben) und der Nadir (unten). Berge, Flüsse, die große, weite Welt sowie die feinsten Staubpartikel können alle ohne die geringste Behinderung betrachtet werden und erscheinen alle wie durch klares Glas. Ein Mensch mit hellseherischen Fähigkeiten kann alles sehen, was er will, sobald er die Intention hat, es zu sehen. Bei jeder der anderen vier übernatürlichen Kräfte geht es vergleichbar zu.

Wer übernatürliche Kräfte kultiviert und entwickelt, bevor er echte Weisheit erlangt hat, könnte leicht durch falsches Denken in die Irre geführt werden. Er würde durch diese Fähigkeit in den Sumpf hinabgezogen werden. Solche Menschen verlieren sich oft und verlieren ebenso oft die Perspektive für ihre ursprünglichen Ziele bei der Kultivierung. Jeder, der seine Fähigkeiten einsetzt, um andere zu unterhalten oder zu faszinieren, wird unweigerlich den Weg von *Mara* gehen. (Der Weg von *Mara* behindert den eigenen Fortschritt und den anderer. Es handelt sich um eine falsche Perspektive, die aus psychologischen, physiologischen und äußeren oder materiellen Ursachen heraus entstehen kann.)

So ist jeder, der *samadhi* für das letzte Ziel der Kultivierung hält, wie ein Narr, der in einer dunklen Nacht auf einer unbekannten Straße tappt; er könnte leicht die falsche Weggabelung nehmen und dadurch in sehr gefährliche Gefilde geraten. Man muß wachsam und vorsichtig sein, da der ganze Weg mit solchen Kreuzungen, die eine Abweichung vom rechten Weg und ein Hinwenden zu *Mara* darstellen, gesäumt ist.

Manche Menschen entwickeln einen sehr starken *samadhi* und verharren so fest darin, daß sie eine vollständige Kontrolle über ihren Geist und ihren Körper erlangen. Unter Umständen sind sie fähig, den Atem oder Herzschlag willentlich anzuhalten, und besitzen dennoch keine der übernatürlichen Kräfte. Jeder, der *samadhi* erreicht, wie zum Beispiel viele der indischen Brahmanen und Yogis, kann Wunder wirken. Manche chinesischen Meister entwickeln und praktizieren spezielle Schwerttechniken. Durch ihre Kontrolle über Geist und Körper sind sie fähig, Körper und Schwert zu einer einzigen Einheit zusammenzuschmieden. Dann können sie mit dem Schwert fliegen oder das Schwert wie ein Blitz werfen. So versetzen sie die Menschen auch oft in Verwunderung und Erstaunen. Um solche Erfolge zu erzielen, muß man jedoch auf äußere Dinge verzichten und sich viele lange Jahre ständig um die Entwicklung dieser Kräfte bemühen. Solche Fähigkeiten erwirbt man nicht durch Zufall oder bloßes Glück.

Die Auslöschung von Geburt und Tod

Samadhi und Weisheit bilden die Grundlage aller buddhistischen Lehren. Nach dem Erreichen von *samadhi*, was das Fundament für alles Weitere errichtet, sollte der Praktizierende alle Vorstellungen von *samadhi* aufgeben und in einer Sphäre leben, in der *Ruhe und Erlöschen in Erscheinung treten, nachdem Geburt und Tod ausgelöscht wurden.* Während dieses Stadiums werden Geburt und Tod vollständig ausgelöscht, obwohl Körper und Geist nicht mehr existieren. Natürlich verschwindet auch die Sphäre, die Körper und Geist erreicht haben, ebenfalls, weil jede erreichbare Sphäre noch immer innerhalb der Bandbreite von Geburt und Tod liegt. So steht es im *Surangama Sutra* geschrieben: *Auch wenn ein Mensch neun Grad von samadhi erlangen mag, kann er den Strom der Seelenwanderung, die ihn zum Arhan werden läßt, nicht anhalten. Das liegt daran, daß er an seinen falschen Vorstellungen von Geburt und Tod festhält und sie mit der Wahrheit verwechselt.**

Wenn man hingegen jeden Gedanken an *samadhi* aufgibt und in der Sphäre der Ruhe und des Erlöschens verharrt, dann wird in diesem Stadium die *natürliche Leere* in Erscheinung treten. Dies ist das Ziel des Hinayana-Buddhismus: das Loslassen des Ego und das Entleeren des Selbst.

Jeder, der den Weg eines Mahayana-*Bodhisattvas* kultiviert, wird irgendwann diesen Zustand der Leere aufgeben. Er wird nach innen schauen und kontemplieren und schließlich Geburt und Tod selbst betrachten. Er wird das Kommen und Gehen aller illusorischen Phänomene sehen, die aus dem Ungeborenen heraus entstehen und in die Existenz aufsteigen. Man sollte aber weder von der Leere abhängig werden, noch sich an die Existenz klammern. Man sollte ebenfalls den Mittleren Weg fallen lassen und selbst diese Abhängigkeit aufgeben, damit man zur alles umfassenden und übernatürlichen Erleuchtung, den zwei erhabensten Formen der Erleuchtung, gelangen kann.

Jeder, der die Frucht der alles umfassenden und übernatürlichen Erleuchtung besitzt, versteht, daß es nicht wirklich nötig ist, die Leere zu kultivieren, da er begreift, daß alle Wesen sich ursprünglich in einem Zustand von *samadhi* befinden. Auf diesen Punkt beziehen sich die meisten Lehren des Buddha, und jede weitere Diskussion erscheint überflüssig. Gibt es kein *samadhi*, so gibt es kein Fundament. Jeder, der über solche Theorien redet, ohne sie für sich zu erproben, verfügt über trockenes Wissen und äußert leere Ansichten. Er kann sich dem fließenden Strom anschließen, aber er kann nicht dagegen schwimmen, um zum Ursprung zurück zu gelangen. Ein solcher Mensch kann nicht sein eigener Meister sein, und seine Rede ist leer und falsch.

Viele Menschen verfügen über großes Wissen und verstehen sich sehr gut auf Prinzipien und Theorien. Ihre Rede ist so herrlich, daß man meinen könnte, ihnen würde eine Lotusblüte auf der Zunge wachsen, wenngleich sie nicht die geringste Kultivierungspraxis aufweisen können. Ein Mensch, der

* Die neun Grad von *samadhi* umfassen die vier *dhyanas*, die vier Sphären jenseits der Form und *samadhi* jenseits von Gedanken und Empfindungen.)

über Theorien und Prinzipien nur redet, hat nur *dumme Steine, die ihm im Kopf zunicken,* und nützt sich selber überhaupt nichts.* Ein alter Zen-Meister sagte: *Es ist besser, einen Zoll zu handeln, als einen Fuß zu reden.* Ein Buddhist sollte sich selbst sehr genau prüfen und den Fehler des Sprechens ohne zu Handeln berichtigen. Man sollte nach der Reihenfolge der fünf Werkzeuge vorgehen, um die Kultivierung Schritt für Schritt voranzutreiben.

Ch'an und auf den Mond zeigen

Zen *(Ch'an)* ist nicht Meditation, aber es kann nicht von der Meditation getrennt werden. Jeder, der ernsthaft am Zen arbeiten möchte, sollte entschlossen sein und starke Wünsche und feste Ziele haben. Wer den Wunsch hat, sich dem höchsten *Bodhi* zu nähern, um auf direktem Wege die Erleuchtung zu erlangen, muß erkennen, daß kleine Tugenden und angesammelte Verdienste allein nicht ausreichen, um zum großen Erfolg zu führen.

Man kann keinen Sprung nach vorne machen und wichtige Schritte auf dem Weg zur Erleuchtung einfach überspringen. Zum Beispiel sollte man zuerst am Werkzeug eines menschlichen Wesens arbeiten, bevor man dazu übergeht, an einem *devas* oder himmlischen Wesens zu arbeiten. Dann sollte man sich zum *Mahayana,* zu den sechs *paramitas* (Mildtätigkeit, Reinheit, Geduld, Hingabe, Meditation und Weisheit) und den zehntausend in den fünf Werkzeugen abgedeckten Verhaltensweisen zuwenden, gute Taten verrichten und Tugend und *samadhi* kultivieren.

Es ist unmöglich, die Sphäre des *Bodhi* zu erreichen, ohne große Opfer und hartnäckige Bemühungen auf sich zu neh-

---

* Die Chinesen verwenden manchmal den Ausdruck *Er ist so überzeugend, daß selbst die Steine zustimmend nicken,* um einen brillanten und ergreifenden Redner zu beschreiben. Wenn es heißt, ein Mensch habe nur *dumme Steine, die ihm im Kopf zunicken,* bezieht es sich nicht nur auf die Steine, die zustimmend nicken, sondern es ist gleichzeitig auch ein Hinweis darauf, daß die Steine sich in seinem Kopf befinden!

men. Bodhidharma sagte: *Das Tao der Buddhas ist beschwerlich und anstrengend. Es braucht Äonen der Anstrengung, Geduld und harter Arbeit. Wie kann man hoffen, mit wenig Verdienst und geringer Weisheit das Tao zu erreichen? Wie kann man versuchen, das Tao zu erreichen, solange man arrogant ist und es für einfach hält? Wenn man es auf diese Weise versucht, dann versucht man es umsonst.*

Wenn ein Mensch aufrichtig entschlossen ist, bei entsprechender Gelegenheit Tugend, Verdienst und Segen zu erwerben, sollte er weise genug sein, den richtigen Weg zu wählen und sich in eine erfolgreiche Richtung zu bewegen. Deshalb heißt es, daß man *um das Tao zu lernen, ein Mann aus Eisen sein muß. Ein Mann aus Eisen nähert sich dem höchsten Bodhi direkt und ignoriert alles andere.*

Außerdem muß man, um das Tao zu lernen, den richtigen Lehrer finden. Wem es in diesem Leben nicht gelingt, der kann darauf zählen, in einem nächsten Leben Erfolg zu haben. Es gibt keinen Grund, weshalb jemand mit unerschütterlichem Glauben und kompromißloser Beharrlichkeit es nicht schaffen sollte, das Tao in drei Inkarnationen zu erreichen.

Ein alter Meister sagte einmal: *Ergreife einen Hua Tou* (eine Zen-Technik) *und meistere ihn, so gut du kannst. So wird man, auch wenn man in diesem Leben nicht erleuchtet wird, wenigstens zum Zeitpunkt des Todes keinem bösen Schicksal ausgeliefert sein. Statt dessen wird man frei sein, sich das nächste Leben auszusuchen, und man kann zwischen der Welt der Menschen und einer Sphäre des Himmels wählen.* Die alten Meister täuschen weder sich noch die anderen. Sie verstehen die Natur der Beziehungen zwischen Ursache und Wirkung, und auf das, was sie sagen, können wir uns verlassen.

Hua Tou ist wie eine Krücke, deren man sich bedient, um in das Tao einzutreten. Ein guter Lehrer ist wie ein erfahrenes Pferd, das den Weg kennt. Ein Zen-Schüler trägt eine Krücke und reitet ein gutes Pferd. Das Pferd läuft, ohne gepeitscht zu werden, sobald es den Schatten der Peitsche erblickt. Das Pferd wirft seine Fesseln ab, sobald es das Hornsignal hört.

Ein Zen-Schüler achtet sich selbst und andere. Er wird erleuchtet unter der wachsamen Führung eines guten Leh-

163

rers. Dann begreift er, daß er niemals verloren war, und fragt sich, wozu die Erleuchtung da ist.

Die fragende Haltung sowie Techniken des *Hua Tou* und *Kung Fu* wirken sich alle auf das Zen aus, und dennoch sind diese Auswirkungen nicht das wirkliche *Dharma*. Sagt man anderen Menschen, eine bestimmte Sache würde dem *Dharma* entsprechen oder etwas Bestimmtes wäre die Wahrheit, ist es, als würde man Lügen erzählen. Zu insistieren, man hätte keinen Geist, ist immer einfältig. Wenn man solche Methoden als Maßstab einsetzt, um sich selbst oder andere zu messen, ist es, als würde man Milch in Gift verwandeln. Es ist verwerflich, auf diese Weise seine Zeit oder gar sein Leben zu verschwenden.

Wenn man für die fragende Haltung oder die Arbeit an *Hua Tou* und *Kung Fu* nichts übrig hat oder wenn man glaubt, solche Techniken wären nicht wirklich Zen-*Dharma*, dann ist man mit dem Herrn Yeh vergleichbar. Herr Yeh betrachtete gern Bilder von Drachen, aber als ihn einmal ein echter Drache besuchte, war er zu Tode erschrocken!

Der Zen-Lehrer Ching Yuan Wei Hsin sagte: *Vor dreißig Jahren, bevor ich das Studium des Zen aufnahm, sah ich den Berg als Berg und das Wasser als Wasser. Später gewann ich einige Einsichten durch das Studium mit einem wissenden Lehrer und sah, daß der Berg kein Berg und das Wasser kein Wasser ist. Jetzt habe ich einen Ort der Ruhe gefunden und sehe, daß der Berg immer noch ein Berg und das Wasser immer noch Wasser ist. Sind diese Betrachtungsweisen gleich oder unterschiedlich? Wer zur Aufklärung dieser Sache beitragen kann, der setze sich bitte persönlich mit mir in Verbindung.*

Ein Schüler des Zen muß wirklich hart am Zen arbeiten, um zur Erleuchtung zu gelangen. Wer bloß redet, ist im Irrtum, auch wenn er erleuchtet klingen mag. Ein alter Meister empfahl: *Arbeite (am Zen), wenn du arbeitest, und sei erleuchtet, wenn du erleuchtet bist.*

Arbeitet man fleißig am Zen, so wird man, wenn man in einen Zustand des großen Todes oder Loslösens eintritt, wirklich lebendig. Die Sphäre der Erleuchtung eröffnet sich spontan. Ob in der Bewegung oder in der Ruhe kann man den eige-

164

nen Geist und Körper nicht freiwillig besitzen, weil weder Geist noch Körper tatsächlich existieren.

Ein alter Meister sagte einmal, dieser Zustand sei *wie das Laufen im Schatten einer Lampe.* In diesem Zustand schläft ein Mensch, ohne zu träumen, und schließlich erreicht er den Ort, wo Wachsein das gleiche ist wie Träumen.

Der Dritte Patriarch sagte: *Ist der Geist nicht zerstreut, so werden alle Dinge zu einem einzigen Ganzen vereint. Schlafen die Augen nicht, so werden die Träume von allein verschwinden.* Diese Beschreibung ist nicht leeres Gerede über den *Dharma*; sie drückt vielmehr die Wahrheit aus.

Der Beamte Lu sagte einmal im Gespräch mit dem Zen-Meister Nan Chuang: *Es ist wunderbar! Ihr sagtet, daß Himmel, Erde und ich selbst von dergleichen Wurzel stammen. Alles ist aus einem Leib.* Nan Chuang erwiderte, indem er auf eine Pfingstrose im Garten zeigte und dann sagte: *Ich sehe diese Blume im Traum.* Damit wollte er darauf hinweisen, daß die Blume eine Illusion und die Wirklichkeit ein Traum sei. Dies stimmt mit den buddhistischen Sutras überein und entspricht den Tatsachen.

Jemand, der eine Stufe erreicht, auf der das Wachsein vom Träumen nicht zu unterscheiden ist, sollte seine Errungenschaft schützen. Die Fähigkeit, dies zu tun, hängt von der eigenen Tiefe ab. Der Zen-Meister Hsueh Yen brachte Tao Wu bei, wie man dies macht. Meister Hsueh Yen sagte Tao Wu, er solle einen Bambushut tragen, damit sich seine Errungenschaften nicht zerstreuen, und so zeigte er ihm, wie er den *Kung Fu*, den er erreicht hatte, erhalten könne. Eine ähnliche Vorstellung wurde von Pai Chang in einem Gespräch mit Chang Ching geäußert. Pai Chang sagte: *Es ist wie ein Kuhhirte mit einem großen Stock in der Hand, der es der Kuh weder ermöglicht, aufs Feld zu wandern, noch ihr erlaubt, die Feldfrüchte aufzufressen.* Schützt man die eigenen Errungenschaften nicht sorgfältig, so könnte man sie verlieren.

Viele Schüler des Zen, die den Zustand erreicht haben, in dem Wachsein und Träumen nicht mehr voneinander zu unterscheiden sind, haben ihn nicht durch fleißige Kultivierung erreicht. Sie sind vielmehr zufällig darauf gestoßen. Sie sind wie die blinde Katze, die über eine tote Maus stolpert: Ihre Errungenschaften sind rein zufällig und können nicht durch richtige Kontrollen aufrechterhalten werden. Falls ein Schüler des Zen es aber schafft, seine Errungenschaften so zu schützen, wie ein Kuhhirte die Felder und Feldfrüchte vor eigensinnigen Kühen schützt, dann wird er ganz von allein zu einer tieferen Ebene der Errungenschaft vordringen.

Am Anfang, wenn man dieses Stadium erreicht, setzt oft die *Zen-Krankheit* ein. Unter Umständen ist man mit unvergleichlicher Freude erfüllt, und doch sollte man vorsichtig damit umgehen.

Als Warnung an Liu Ching Cheng sagte der Zen-Meister Shao Shan: *In Zukunft wirst du ein ungewöhnliches Phänomen erleben und eine überwältigende Freude verspüren. Falls du dem schnell ein Ende setzen kannst, wirst du ein Buddha werden können. Gewinnst du nicht die Herrschaft darüber, verlierst du möglicherweise den Verstand.*

Als Worte der Ermahnung an Ling Yuang Ching sprach der Zen-Meister Huang Long Hsin: *Jene, die die Dharma-Leere erlangen, werden anfangs im allgemeinen sehr freudig sein. Das könnte im Laufe der Zeit zur Zerstreuung und Ruhelosigkeit führen, also sollte man sie tief und fest schlafen lassen.*

So sollte man die eigene Aufmerksamkeit sammeln, damit man nicht geistig zerstreut wird. Man sollte die eigenen Errungenschaften schützen, indem man irdischen Dingen aus dem Weg geht. Man sollte ein heiliges Embryo kultivieren, bis die Frucht des Tao gereift ist. Wenn man erkannt hat, daß alle irdischen Erscheinungen sich von der Wirklichkeit nicht trennen lassen, dann kann man auch in dieser profanen Welt praktizieren, und nicht nur in der Jenseits-Welt.

Sobald die Frucht des Tao gereift ist, kann ein Mensch immer seinen Worten entsprechend handeln, ob er in der Sphäre des Irdischen oder in der Sphäre des Jenseits ist. Das ist die Vereinigung von Erleuchtung und Haltung. Wer dieses Ziel erreicht, wird nicht irgendwelche abweichende Ansichten oder belanglose Einstellungen hegen. Man ist bereit, das zu tun, was aus moralischen Verpflichten heraus oder um der Gerechtigkeit willen erforderlich ist, und hieße es, sich in die

166

Flammen oder in ein Faß siedenden Wassers zu stürzen. Indem man sich auf diese Weise veredelt, kann man den eigenen Geist ganz frei einsetzen, mit oder ohne Gedanken.

Aber auch an diesem Punkt hat der Praktizierende noch nicht das Ende erreicht. Man sollte die Vorstellung vergessen, daß alles nur Illusion ist, und die Sphäre verlassen, in der nichts echt ist. Sonst wird man vom *Dharma*-Leib abhängig.

Die Frucht des *Nirwana* ist noch unreif. Ein Mensch muß durch mehrere Stadien von Geburt und Tod hintereinander hindurch, bevor er an dem Ort ankommt, wo Geist und Körper eins sind. Letztendlich wird er einen Punkt erreichen, an dem der Geist auf konstruktive Weise die Materie beherrschen kann.

Wenn ein Mensch das alles meistern kann, wird sein Geist rein und hell leuchten wie ein voller, kristallklarer Mond. Doch dies gehört noch immer zum Phänomen der anfänglichen Erleuchtung. Wir sollten die Worte des Ts'ao Shan sorgfältig abwägen: *Die anfängliche Erleuchtung ist soviel wie keine Erleuchtung.*

Als Nan Chuang das Mondlicht betrachtete, fragte ihn ein Mönch: *Wann habt ihr das Stadium erreicht, wo euer Geist wie der Mond ist?* Nan Chuang, der mit Nachnamen Wang hieß, erwiderte: *Lehrer Wang erreichte dieses Stadium vor zwanzig Jahren.* Dann fragte der Mönch: *Und was macht ihr jetzt?* Nan Chuang ignorierte ihn und kehrte in sein Abtszimmer zurück.

Warum muß man über das Stadium der anfänglichen Erleuchtung hinaus arbeiten? Warum muß man die Bergauf-Doppelschranke überwinden, bis Geist und Materie eins sind? Vielleicht liefern Zitate von den alten Meistern Antworten auf diese Fragen.

Kuei Chong sagte: *Das ursprüngliche himmlische Licht kann wegen der Barriere der Materie und des Körpers nicht voll zum Leuchten kommen.*

Nan Chuang sagte: *Die wundersame Funktion der ursprünglichen, allgegenwärtigen Kraft hängt nicht von der Materie ab. Die Macht des Tao hängt von nichts ab. Aber das Tao muß sich in der Materie manifestieren, weil man es sonst nicht sehen könnte.*

167

Nan Chuang sagte auch: *Die Geburt entsteht nicht aus der Ursache der Geburt heraus.* Dies deutet darauf hin, daß man kein Phänomen als Ergebnis der Erleuchtung erzeugen kann.

Manjusri sagte: *Wenn alles ausgeleert wird, ist es nicht, um ein leeres Phänomen zu schaffen.*

Chia Shan sagte: *Es gibt kein Dharma vor den Augen. Die manas, oder Gedanken und Berechnung, sind vor den Augen. Werde nicht abhängig vom Dharma vor den Augen. Das ursprüngliche Wesen kann nicht über die Augen und die Ohren erreicht werden.*

Es reicht nicht aus, das zu verstehen, was die alten Meister gesagt haben. Man muß diese Ideen in die Praxis umsetzen können. Wenn ein Mensch dieses Stadium erreicht, sollte er nicht dort verharren, sondern es abwerfen.

In den *Dharma-Worten von Ling Yung* wird Folgendes festgehalten:

Ch'ang Shen fragte: *Woher kam das Leben am Anfang der Welt, bevor die Dinge Gestalt bekamen?*

Der Meister sagte: *Es war wie ein schwangerer Tautropfen.*

Ch'ang Shen fragte: *Wie war es, nachdem die Welt Gestalt bekam?*

Der Meister sagte: *Wie ein Fleckchen Wolke im großen Himmel.*

Ch'ang Shen fragte: *War der Himmel durch jenes Fleckchen verunreinigt?*

Der Meister antwortete nicht.

Ch'ang Shen fragte weiter: *Weshalb erschien das Leben nicht?*

Und wieder verweigerte der Meister die Antwort.

Ch'ang Shen fragte dann: *Wie wäre es mit einem reinen Himmel ohne das Fleckchen?*

Der Meister sagte: *Es fließt noch aus der echten Natur.*

Ch'ang Shen fragte: *Was fließt aus der echten Natur?*

Der Meister sagte: *Es ist wie ein Spiegel, der auf ewig hell und klar ist.*

Ch'ang Shen fragte: *Gibt es darüber hinaus noch etwas anderes?*

Der Meister sagte: *Ja, wenn du den Spiegel zerbrichst, dann werde ich dich sehen.*

Ch'ang Shen fragte: *Wenn der Spiegel zerbrochen ist, bedeutet das dann, daß man bereits den ganzen Weg gegangen ist?*

Der Meister sagte: *Noch nicht.*

Ch'ang Shen fragte: *Wie kann man es ganz verwirklichen?*

Der Meister sagte: *Weißt du es denn noch nicht? Tausend Heilige werden es nicht auf der Straße predigen. Ich werde dir aber einen Weg dafür beschreiben. Der allererste Anfang ist das allerletzte Ende. Das Allerflachste ist das Allertiefste. Halte die Güte in Ehren. Tue nichts Böses.*

Diese Beschreibung ist theoretisch richtig und erweist sich in der Praxis als faktisch wahr. Was ist *Dharma*, und was nicht? Das muß jeder für sich selbst klären.

Ein Mensch, der Einsicht gewonnen hat, wird sich nicht durch andere täuschen lassen. Man sollte jedoch nicht beliebig über Zen und Tao sprechen, ohne zuerst das, was man predigt, praktizieren zu können, oder ohne selbst ein gewisses Maß an Kultivierung erreicht zu haben. Man sollte sich nicht für bedeutend halten, wenn man lediglich über ein intellektuelles Verständnis all dessen verfügt.

Ein uralter Meister sagte: *Große Erleuchtung achtzehnmal und kleine Erleuchtung unendlich viele Male.* Man könnte meinen, dieser Meister hätte Körper und Geist bereits vergessen, würde gar nichts wissen und wäre in den Zustand der Stille, der großen Tode und der großen Geburte viele Male eingetreten, ohne die höchste Errungenschaft zu erlangen. Wie kann man nur so einfach sprechen?

Dieses Problem läßt sich erklären. Die großen und kleinen Erleuchtungen, von denen der Meister sprach, wurden nicht tatsächlich verwirklicht. Sie beziehen sich nur auf die intellektuelle Einsicht. Das mag manche Spätankömmlinge ermutigen, aber andere könnte es in die Irre führen.

Die große Geburt und der große Tod sowie der Eintritt in *samadhi* können viele Male erlebt werden. Solche Erfahrungen gehören mit zum Verdienst der Kultivierung. Sie charakterisieren auch die Haltung und das Verhalten, das man nach der Erleuchtung zeigt. *Er ist nicht ein anderer als der, der er früher war, aber seine Haltung ist anders.* So kann man einen beschreiben, der erleuchtet wurde. Gutes Verhalten ist der Lohn der Kultivierung. Man darf auch nicht vergessen, daß ein Mensch, der die geistige Kultivierung betreibt, nicht vom Lohn der Kultivierung abhängig wird, auch wenn er Wert auf ihn legt.

Ein Mensch, der einen hohen Grad an geistiger Kultivierung erreicht hat, kann die Wurzeln seines Ursprungs direkt erforschen und zum Kern des Problems vordringen, um zur Erleuchtung zu gelangen. Er ist wie ein Dieb, der in ein leeres Zimmer tritt. Er kommt und geht völlig nackt. Es gibt keine Hindernisse. Es gibt nichts, weswegen man sich kümmern oder sorgen müßte. Alle Prinzipien und Tatsachen, die hervorgetreten sind, werden gelöst. Das ist kein Problem.

Auch wenn dies alles einfach klingen mag, ist der Weg zur Erleuchtung voll Mühe und Schweiß. Mit oberflächlichen Verschönerungsmaßnahmen hat er absolut nichts zu tun. Das Wort *Schweiß* sei besonders betont. Es gibt Menschen, die ohne Schweiß erleuchtet wurden, aber Erleuchtung ohne harte Arbeit ist weder handfest noch konkret.

Der Zen-Meister des Drachensees, Pu Wun, war der Sohn des Kaisers Hsi Chong, ein Kaiser der Tang-Dynastie. Obwohl er der Kronprinz der Tang-Dynastie war, war er nicht geboren, um die Krone zu tragen. Statt dessen hatte er eine göttliche Haltung und war ein geborener Vegetarier. Hsi Chong bemühte sich sehr, seinen Sohn zu ändern, aber ohne Erfolg. Irgendwann zog sich Pu Wun nach Sichuan zurück, rasierte sich den Kopf und reiste im Land umher, ohne daß irgend jemand gewußt hätte, wer er war. Da besuchte er den Meister Su Shuang. Eines Abends trat Pu Wun in das Zimmer des Meisters und fragte: *Könnt Ihr mir die gesonderte Lehre des Patriarchen Bodhidharma vermitteln?* Darauf sagte der Meister: *Du sollst nicht den Patriarchen verunglimpfen.* Pu Wun sagte: *Wenn die gesonderte Lehre weltberühmt ist, wie könnte sie dann falsch sein?* Der Meister sagte: *Glaubst du, daß sie wahr sei?* Pu Wun fragte: *Wie ist eure Ansicht darüber?* Der Meister sagte: *Warte, bis der Berg An nickt, und dann werde ich es dir erklären.* Pu Wun senkte den Kopf und sagte: *Wie wundersam!* Dann begann er zu schwitzen. Später lebte er am Drachensee und entwickelte viele wundersame und übernatürliche Kräfte.

Der Zen-Meister Tieh Nieu war der Sohn des Wang von Tai Ho Pan Hsi. Sein Ahne Tsan der Sung-Dynastie hatte ein hohes politisches Amt innegehabt und war für alle Sekretariatsarbeiten der Regierung verantwortlich gewesen. Tieh Nieu war ein Nachkomme Tsans in der neunten Generation. Tieh Nieu war arm, aber ehrlich, sauber und willensstark. Er wünschte, alle weltlichen Belange hinter sich zu lassen. Mit dreißig Jahren besuchte Tieh Nieu Hsi Fong und rasierte sich den Kopf. Er hörte die gesonderte Lehre des Patriarchen und zog dann aus, um bei Hsueh Yen Ching zu lernen. Er machte körperliche Arbeit im Stall. Eines Tages wies Ching seine Anhänger an: *Brüder, arbeitet hart, um zu kultivieren. Wenn Ihr einen einzigen Gedanken sieben Tage und sieben Nächte lang ohne Unterbrechung im Kopf haltet und danach keine Einsichten erhaltet, könnt Ihr meinen Kopf abschneiden und ihn als Gefäß für Kot verwenden.* Tieh Nieu nahm ruhig diese Anweisung entgegen und beschloß, hart zu arbeiten. Er hatte zu dieser Zeit Durchfall, nahm aber keinerlei Medikamente oder Flüssigkeit ein. Sieben Tage lang hielt er am rechten Gedanken fest, ohne zu schlafen. Am siebten Tag fühlte er um Mitternacht plötzlich, als sei die ganze Welt wie Schnee und als könne sein Körper weder vom Himmel noch von der Erde gefaßt werden. Später hörte er das Geräusch von Holz, das auf anderes Holz schlägt, und er wurde erleuchtet. Er hatte einen Schweißausbruch am ganzen Körper, und seine Krankheit war geheilt. Er ging zum Meister. Der Meister Ching fragte ihn wieder und wieder aus und befahl ihm dann, Mönch zu werden.

Wu Tsu Yen arbeitete mit dem Zen-Meister Pai Yun Zuei. Er fragte nach der Rede von Nan Chuang über Mani-Jade. Pai Yun schalt ihn. Yen bekam eine Einsicht und schrieb ein Gedicht mit folgendem Wortlaut:

Ein stilles Feld vor dem Berg. Die Hände zusammenlegen. Er flehte die Ahnen immer wieder an. Verkauf es und kaufe es wie-

171

der zurück, mehrere Male, um zarte Rücksicht auf die Pinie und den Bambus zu nehmen, die die Brise anziehen.

Pai Yun billigte dieses Gedicht, das einen gewissen Grad der Erleuchtung zeigte. Später sagte Pai Yun zum Wu Tsu Yen: *Es gibt einige Zen-Gelehrte vom Berg Lu. Sie haben alle Einsicht. Sie können über Prinzipien reden. Fragt man sie nach den Haupt- und Nebenursachen, wissen sie zu antworten. Bittet man sie, einige Wörter über Koans zu verlieren, können sie auch das. Aber irgend etwas stimmt einfach nicht mit ihnen!* Yen wurde sehr skeptisch und fragte sich: *Wenn ein Mensch erleuchtet ist und so von seiner Erleuchtung sprechen kann, daß andere klar begreifen, worum es geht, was soll dann mit ihm nicht stimmen?* Yen arbeitete tagelang an dieser Frage und erhielt plötzlich die Antwort. Sofort ließ er alles stehen, was er je wertgeschätzt hatte. Er ging zu Pai Yun. Pai Yun war so glücklich, daß er vor lauter Freude mit den Armen wedelte und mit den Füßen stampfte. Yen lächelte nur. Später sagte Yen: *Ich begreife den unteren Teil des sauberen Windes, weil ich einmal einen Schweißausbruch hatte.*

Diese Geschichten sprechen unsere Herzen an und vermitteln uns den Eindruck, wir könnten auf schnellem Wege zur Erleuchtung gelangen. Jeder, der darauf besteht, daß solche Ausdrücke wie *großer Tod, stark lebendig, verwelkter Baum trägt Blüten, kalte Aschen lassen die Bohne aufplatzen* und *Donner an der Spitze* den tatsächlichen *Dharma* beschreiben und etwas Konkretes erwartet, wird niemals den Zen-*Dharma* des Höchsten Geistes finden können, auch in seinen Träumen nicht. Er wird nur jene, die wirklich begreifen, zum Lachen bringen. Wer aber solche Beschreibungen lediglich für Vergleiche hält, die nichts mit der Wirklichkeit zu tun haben, ist wie ein Schwachsinniger, der über einen Traum spricht, ohne zu wissen, daß er schwachsinnig ist.

Muß ein Mensch, der über Zen erleuchtet wird, *samadhi* kultivieren? Man kann eine doppeldeutige Antwort geben und Ja und Nein sagen. Diese Haltung kommt in einem Gedicht zum Ausdruck: *Fange es nicht ein, lasse es nicht los, laß es völlig frei; kein Kommen, kein Gehen, sich frei bewegen. Iß Reis jeden Tag, aber beiße dich nicht an einem einzigen Reiskorn* fest. Ziehe jeden Tag Kleider an, aber trage keinen einzigen Faden. Man kann nichts, was materiell greifbar ist, festhalten. Es ist wie ein Vogel, der im Himmel fliegt, oder wie wenn man versucht, den Mond in einem kalten Teich einzufangen.

Falls ein Mensch all dies erreicht und sich noch immer instabil fühlt, dann ist der ganze *Dharma* wie die Wirklichkeit, die man unendlich kontemplieren kann. Es spielt keine Rolle. Es ist völlig in Ordnung, wieder von vorn zu beginnen.

Der Zen-Lehrer Ling Chi schrieb ein Gedicht, kurz bevor er aus der Welt schied: *Der Strom kann in seinem Fluß nicht aufgehalten werden. Was sollte man tun? Es heißt, die unendliche Erleuchtung stehe dem sehr nahe. Die Menschen begreifen es nicht. Von Begebenheiten und Namen ist es weit entfernt. Sobald ein scharfes Schwert benutzt wird, muß es wieder gewetzt werden.*

Muß ein erleuchteter Mensch in der Meditation sitzen? Was ist das für eine Frage? Man sollte zu jeder Zeit und an jedem Ort in *samadhi* eintreten können, indem man die vier ehrwürdigen Haltungsformen im Alltag verwendet: Das sind Gehen, Stehen, Sitzen und Liegen. Man sollte weder sagen, Sitzen in der Meditation sei *samadhi*, noch daß Sitzen in der Meditation nicht *samadhi* sei. Ein erleuchteter Mensch meditiert auf natürliche Weise.

Es gibt ein kurzes Gedicht, das folgendermaßen lautet: *Ich strecke meine beiden Füße aus, um zu schlafen, und wenn ich erwache, sind Himmel und Erde wie zuvor.* Gibt es irgend etwas, was nicht gleich wäre wie zuvor? Nicht ohne Grund nannte der Meister Huang Long Hsin den Chiu Rong einen dösenden Tiger.

Nachdem Ling Chi erleuchtet wurde, schlief er in der Meditationshalle der Mönche ein. Der Abt Huang Po trat in die Halle ein, sah ihn dort schlafen und klopfte gegen die Holzwand mit einem Stock. Ling Chi hob den Kopf, sah, daß es Huang Po war, und schlief wieder ein. Huang Po kopfte wieder gegen die Wand und trat in ein anderes Zimmer, wo der Hauptmönch beim Meditieren saß. Huang Po sagte: *Der Neuankömmling meditiert in der Halle, aber weshalb träumst du hier mit offenen Augen?*

173

Nachdem er erleuchtet wurde, schlief auch Tieh Nieu in der Meditationshalle ein. Der Meister Hsueh Yen Ching inspizierte die Halle und sah ihn dort schlafen. Er rief Tieh Nieu ins Zimmer des Abtes und schrie ihn an: *Ich inspizierte die Halle und fand dich schlafend vor. Wenn du mir eine gute Erklärung dafür geben kannst, werde ich diese Sache vergessen. Wenn du dich nicht verteidigen kannst, mußt du diesen Berg auf der Stelle verlassen.* Tieh Nieu antwortete sofort: *Der eiserne Ochse hat keine Kraft und ist zu faul, das Feld zu pflügen. Deshalb schläft es im Schnee mitsamt Seil und Pflug. Die große Erde ist ganz mit weißem Silber bedeckt. Der Zen-Meister Teh Shan hat keinen Platz, um mit seiner goldenen Peitsche zu peitschen.* Ching sagte: *Was für ein guter eiserner Ochse!* Danach nahm Tieh Nieu den Namen an, nach dem wir ihn kennen, der *eiserner Ochse* bedeutet.

Viele Schüler der Zen-Gruppe des Meisters Su Shuang legten sich nie schlafen und saßen zwanzig Jahre lang ständig in der Meditation. Sie waren wie die Wurzeln eines verwelkten Baums, die ihn daran hindern, umzukippen. Der Meister Su Shuang sagte nicht, daß das Schlafen gut sei, und er schalt seine Schüler und nannte sie die *Verwelkte Baum*-Meute. Er sagte auch nicht, daß das Schlafen das Tao sei.

Als der Meister Hsuan Sa einen toten Mönch sah, sagte er zur Menge: *Der Mönch ist tot, aber die ursprüngliche Bodhi-Natur wird überall offenbart. Der Körper ist von zehntausend Meilen göttlichen Lichts umgeben. Viele haben dies nicht begriffen und haben sich verwirren lassen.* Hsuan Sa sagte ein weiteres Gedicht auf: *Der tote Körper ist von zehntausend Meilen göttlichen Lichts umgeben. Gibt es kein göttliches Licht um den Körper, wo wirst du dann hinsehen? Die Sache ist bereits erledigt. Man hält inne. Es ist überall sichtbar. Streift jemand einen einzigen Punkt, wird ein Mensch großer Weisheit das ganze Bild erfassen. Falls jemand diesen Augenblick verpaßt, verliert er den Kopf.*

Samadhi und Meditation nach der Zen-Schule werden im *Tan Sutra* des Sechsten Patriarchen und in den Annalen anderer Zen-Meister beschrieben. Deshalb werde ich diese Sichtweisen nicht weiter erörtern.

Ich möchte dieses Buch mit einem Zitat vom Zen-Meister Nan Chuang schließen:

Es heißt, der *Bodhisattva* bleibe im zehnten Stadium im *surangama samadhi*, wo ihm der geheime *Dharma* der Buddhas eingeflößt wird und er auf natürliche Weise alle Arten von *samadhi*, Befreiung und übernatürlichen Mächten erlangt. Er kann seinen physischen Leib in allen Welten manifestieren, um zu zeigen, daß er vollständiges und vollkommenes Wissen, das *Bodhi* der Buddhas erlangt hat. Er kann das große *Dharma*-Rad drehen, um ins *Nirwana* einzutreten. Er kann die Dinge zu einer einzigen Pore verdichten. Er kann einen Satz aus dem Sutra unendliche *kalpas*-lang lesen und dessen Bedeutung immer noch nicht erschöpfen. Er kann Wesen mit anderen Lebensformen unterweisen. Er kann die Geduld der Nicht-Geburt kultivieren. Trotz all dieser Errungenschaften wird er dennoch sagen, daß er dumm ist und über die Feinheiten nur wenig weiß. Wie schwer es ist! Seid auf der Hut!

In der *Diamant-Sutra* heißt es: *Der Dharma, den ich predige, ist wie ein Floß. Den Dharma sollte man fallen lassen. Noch mehr sollte man den Nicht-Dharma fallen lassen.*
Der Leser sollte davon ausgehen, daß die Worte dieses Buches wie Reden im Traum sind. Nimmt man an, diese Beschreibungen seien echt, so verwandelt man fette, geklärte Butter in Gift. Wer redet, hat keinen Geist; wer hört, wird getäuscht.

Über den Autor

Der Autor dieses Buches, Huai-Chin Nan, ist seit seiner Jugend stets auf der Suche nach den Ursprüngen des Lebens sowie nach Antworten auf die großen Fragen des Lebens und des Universums. Seine Wahrheitssuche führte ihn durch ganz China und Tibet, und er ist Erbe der Lehren des Zen, des Taoismus und des esoterischen Buddhismus. Um diese Lehren zu pflegen und auf ihre Richtigkeit hin zu prüfen, lebte er drei Jahre lang zurückgezogen in den Omei-Bergen und in der Provinz Szechuan und verbrachte später einige Jahre in den Lu-Bergen der Provinz Chiang Hsi. Er verbrachte die Hälfte seines Lebens als Eremit; er unterrichtete aber auch Philosophie an mehreren Universitäten. Sein Wissen ist breit gefächert, und seine Weisheit ist leuchtend. Er ist der Autor zahlreicher Bücher über Zen, Buddhismus, Taoismus und Konfuzianismus.

Der Übersetzer des chinesischen Originals ins Amerikanische

Wen-Kuan Chu erhielt seine Ausbildung sowohl im Osten als auch im Westen. Er studierte viele Jahre Konfuzianismus, Buddhismus und Taoismus in Asien. Seine naturwissenschaftlichen Interessen führten ihn in die Vereinigten Staaten, wo er an der Universität von Kalifornien in Berkeley über Bodenwissenschaft promovierte. Dr. Chu hat sein Leben der wissenschaftlichen Forschung gewidmet und ist ebenso versiert in der Weisheit uralter Meister wie in modernen wissenschaftlichen Theorien. Sein Lebensziel ist es, diese beiden Systeme des Wissens miteinander zu vereinigen, denn er ist der Überzeugung, daß eine solche Integration zur Wahrnehmung anderer Dimensionen führen und die Entfaltung einer neuen menschlichen Wirklichkeit begünstigen wird.

esotera-Taschenbücherei im Verlag Hermann Bauer

Dhirendra Brahmachari · Yoga hilft heilen
2. Aufl., 234 Seiten mit 143 s/w-Abb.; kart. ISBN 3-7626-0607-2
Übungen, die starke positive Wirkungen auf den gesamten Organismus haben. Dem Schüler wird die Möglichkeit gegeben, seinen ganzen Körper durchzutrainieren.

Paul Brunton · Entdecke dich selbst
2. Aufl., 349 Seiten; kart. ISBN 3-7626-0619-6
Eine Anleitung zur Meditation. Alle Probleme, deren Lösung sich der Mensch unserer Zeit ersehnt, öffnen sich jener konzentrierten Versenkung, die die Tiefenschichten der Seele aufschließt.

Paul Brunton · Karma – Kette von Ursache und Wirkung
238 Seiten; kart. ISBN 3-7626-0628-5
In dieser Sammlung bisher unveröffentlichter Essays erklärt der Autor, warum Gott das sogenannte Böse in der Welt zuläßt. Er gibt eine neue Technik, die das Meditieren erleichtert, erklärt das Gesetz des Karma und stellt die Frage, ob man die Anleitung eines spirituellen Führers benötigt.

Irene Dalichow (Hrsg.) · Zurück zur weiblichen Weisheit
173 Seiten; kart. ISBN 3-7626-0656-0
Gibt es heute noch traditionelle Frauenkünste? Wie und wo können sie erlent werden? Ist es sinnvoll, sie auszugraben und für heutige Bedürfnisse anzuwenden? Beiträge zu Fragen wie diesen von Zsuzsanna Budapest, Irene Dalichow, Stephanie Faber, Luisa Franca, Heide Hage, Kaye Hoffmann, Ute Manan Schiran und Gisela Steenbuck.

Eknath Easwaran · Mantram – Hilfe durch die Kraft des Wortes
256 Seiten, kart. ISBN 3-7626-0629-3
Das Mantram ist eine kraftvolle geistige Form für das Höchste, das wir uns vorstellen können. Ob wir es als Gott oder als das höchste Wesen bezeichnen: Mit dem Mantram wenden wir uns stets an das Beste und Tiefste in uns selbst. Nützliche Gewohnheiten werden gefördert, negative Gefühle abgebaut; wir finden zu einem zielbewußten Handeln.

Arthur Findlay · Beweise für ein Leben nach dem Tod
2. Aufl., 288 Seiten; kart. ISBN 3-7626-0601-3
Das Phänomen der »Direkten Stimme« als Verbindungsweg zwischen Diesseits und Jenseits. Antworten auf die Fragen: Gibt es ein Leben nach dem Tod? Sehen wir unsere Verstorbenen eines Tages in irgendeiner Form von Jenseits wieder?

Verlag Hermann Bauer · Freiburg im Breisgau

esotera-Taschenbücherei im Verlag Hermann Bauer

Dion Fortune · Die mystische Kabbala
361 Seiten; kart. ISBN 3-7626-0636-8
Die Kabbala bildet die Basis der westlichen mystischen Tradition und stellt als »Yoga des Westens« ein praktisches System der spirituellen Entfaltung für westliche Menschen dar. So, wie die Kabbala in diesem Buch verstanden wird, ist sie nicht von einer bestimmten Religion abhängig; ihr metaphysisches System kann in Verbindung mit allen mystischen Systemen gesehen werden.

Michel Gauquelin · Kosmische Einflüsse auf menschliches Verhalten
288 Seiten mit 37 Zeichn.; kart. ISBN 3-7626-0606-4
Neue Entdeckungen: Zwischen dem Berufserfolg eines Menschen und dem Stand der Planeten in seiner Geburtsstunde gibt es eine Beziehung. Charakterliche Tendenzen zur Geburt unter einer bestimmten Planetenkonstellation sind erblich.

Michel Gauquelin · Planetare Einflüsse auf Persönlichkeit und Lebensweg
276 Seiten mit 15 Zeichn.; kart. ISBN 3-7626-0630-7
Es gibt definitive Zusammenhänge zwischen der Stellung der Planeten bei der Geburt eines Menschen und seinem Lebensweg. Die praktische Anwendung von Gauquelins Forschungsergebnissen hilft, den eigenen Charakter kennenzulernen und festzustellen, für welchen Beruf man sich am besten eignet.

Gert Geisler (Hrsg.) · New Age – Zeugnisse der Zeitenwende
2. Aufl., 207 Seiten; kart. ISBN 3-7626-0608-0
Eine Anthologie wichtiger Beiträge aus fünf Jahren aktueller Berichterstattung der Zeitschrift *esotera*: Dokumente des Umdenkens, der Bewußtseinsveränderung, der Transformation zu einer neuen Zeit.

Erlendur Haraldsson · Sai Baba – ein modernes Wunder
297 Seiten; kart. ISBN 3-7626-0631-5
Ein Forschungsbericht über paranormale Phänomene im Zusammenhang mit dem spirituellen Meister Sathya Sai Baba. Dieser Bericht basiert auf den Beobachtungen eines Wissenschaftlers und auf den Ergebnissen einer ausführlichen Befragung von Augenzeugen. Er beschreibt paranormale Phänomene von außerordentlicher Vielfalt um einen der bemerkenswertesten Männer unseres Jahrhunderts.

Verlag Hermann Bauer · Freiburg im Breisgau

esotera-Taschenbücherei im Verlag Hermann Bauer

Tom Johanson · Zuerst heile den Geist
224 Seiten; kart. ISBN 3-7626-0620-X
Ein Zeugnis für die Existenz ungewöhnlicher, über das Normale hinaus-
gehender Möglichkeiten zur Heilung psychischer und psychosomatischer
Leiden.

Allan Kardec · Das Buch der Geister
306 Seiten; kart. ISBN 3-7626-0632-3
Die Grundsätze der spiritistischen Lehre von der Unsterblichkeit der Seele,
der Natur der Geister, ihren Beziehungen zu den Menschen; die Sittenge-
setze, das irdische und künftige Leben und die Zukunft der Menschheit.

Hans-Dieter Leuenberger · Das ist Esoterik
4., aktualisierte Aufl., 223 Seiten; kart. ISBN 3-7626-0621-8
Eine Einführung in esoterisches Denken und in die esoterische Sprache.
Dem Neugierigen wird das notwendige Grundwissen vermittelt.

Lothar-Rüdiger Lütge · Carlos Castaneda und die Lehren des Don Juan
2. Aufl., 171 Seiten mit 4 Zeichn.; kart. ISBN 3-7626-0614-5
Eine praktische Anleitung, die es ermöglicht, Don Juans Lehren nachzuvoll-
ziehen und im täglichen Leben anzuwenden. Das von Castaneda beschrie-
bene spirituelle System wird in einen Gesamtzusammenhang mit anderen
esoterischen Lehren gestellt, um so dessen Allgemeingültigkeit zu verdeutlichen.

Masahiro Mori · Die Buddha-Natur im Roboter
248 Seiten; kart. ISBN 3-7626-0622-6
Gedanken eines Roboter-Ingenieurs über Wissenschaft und Religion. Vermittlung der Wahrheit und Prinzipien des Buddhismus in einer Sprache, die
unserem modernen, wissenschaftlich orientierten Zeitalter gerecht wird.

Karlis Osis und Erlendur Haraldsson · Der Tod – ein neuer Anfang
296 Seiten; kart. ISBN 3-7626-0633-1
In den Berichten von sterbenden und wiederbelebten Patienten, die von den
Autoren untersucht wurden, werden die Erscheinungen beschrieben, die die
Sterbenden vor ihrem Übergang in ein anderes Leben hatten. Dabei hat es
sich erwiesen, daß dies keine Halluzinationen sind, sondern Visionen einer
anderen Welt.

Verlag Hermann Bauer · Freiburg im Breisgau